Manx Words

What this book is about

The inspiration for **Manx Words** comes from a series of conversations I have had over the last year with Steve Morris of the Department of Welsh at Swansea University and joint author with Professor Paul Meara of **Welsh Words**. This publication wouldn't have been possible without Steve's support and encouragement and I would like to thank him for all his help with the publication of this slim volume.

Welsh Words itself had its origins in a research project by its authors of the basic vocabulary used in Welsh for Adults courses. It was not meant to be an exhaustive list of terms but a core vocabulary appropriate for a certain level of Welsh for beginners.

Manx Words has adopted this approach and is heavily influenced by our own experience of teaching Manx to beginners. Again, it is not meant to be an exhaustive list but it does cover enough core vocabulary that it will be of real, practical use to learners of Manx.

Who is this book aimed at?

This book is intended to be of use to people who are already starting to learn the language. It is assumed that in most cases people will already be attending classesor using the on-line material available for beginners. We haven't included help with pronunciation in this volume, partly because of the complexity in doing so, but also it is assumed that people learning in classes will be able to seek assistance from their tutor or from other Manx speakers.

What is in this book?

The vocabulary in this book is predominantly based on the word list available in **Welsh Words**, but it is also highly influenced by the material that we teach to learners of Manx in the Island. With every item included you will also find:

A translation into English

The gender of the noun

An example of the item being used in context

Sometimes the examples will involve a mutation that is commonly used with that particular item.

What else is there?

There is a specific word list for numbers, days of the week, months of the year and common place names in the Island and elsewhere. There is also an explanation, with examples, of irregular verbs and the most common prepositions.

And finally...

One of the exciting things about **Welsh Words** was the advice given in the book by Professor Paul Meara (a renowned, international expert in vocabulary acquisition and retention) on how students can retain and use core words and phrases. I would encourage people to purchase the book (even if your Welsh isn't up to it!) from www.ylolfa.com as the advice he gave is invaluable in learning any language, including Manx. I've often said that you don't need to be a great or talented linguist to speak Manx (look at me for example!) but what you do need is a strategy to help you remember and use words and patterns. Learning Manx is in many ways just an elaborate memory test and what you should be striving for is a methodology that not only is appropriate for you, but that helps you retain what you learn. This may involve setting yourself a daily target of words, learning items in context, using a memory system or by listening to songs; whatever it is, as long as you enjoy both having a go at speaking the language and taking the opportunity to meet new people, then you'll eventually become a Manx speaker: Look forward to that day!

Adrian Cain, Manx Language Development Officer, Culture Vannin, 2016

A

Aalin

Beautiful, pretty, fine
*Va laa **aalin** ayn jea.*
It was a **beautiful** day yesterday.

Aall

Fork
*Jean ymmyd jeh'n **aall** ayd!*
Use your **fork**!

Aashagh

Easy
*Ta'n Ghaelg **aashagh** dy liooar!*
Manx is really **easy**!

Abyl

To be able
*Beagh oo **abyl** dy ghoaill ny hinneenyn son oor ny jees?*
Would you be **able** to take the girls for an hour or two?

Accryssagh

Hungry
*Bee oo **accryssagh** ny sanmey.*
You'll be **hungry** later.

Aeg

Young

Va mee stoamey dy liooar tra va mee ***aeg****.*

I was fairly handsome when I was **young**.

Ny saa (na)

Younger (than)

Ta my huyr daa vlein ***ny saa na*** *mish.*

My sister is two years **younger than** me.

Saa

Youngest

Ta Brian yn braar ***saa****.*

Brian is the **youngest** brother.

Agglagh

Uegach!

Awful, terrible, frightening

Va'n bee ***agglagh****.*

The food was **terrible**.

Va mee çhing ***agglagh****.*

I was **terribly** sick.

Agh

Och!

But

T'eh ayns shoh boayl ennagh ***agh*** *cha noddym feddyn eh.*

It's here somewhere but I can't find it.

[Used to say Only]

Cha nee ***agh*** *shellan t'ayn.*

It's **only** a bee.

Aghteyr *m*
>Aghteyryn

Actor, actress

Cre'n ennym t'er yn ***aghteyr*** *shen?*

What's that **actor** called?

Aile *m.* >Aileyn	Fire *Neeym foaddey yn **aile** tra veeym thie.* I'll light the **fire** when I get home.
Aitt	Funny *Cha s'aym cre'n fa v'eh cho **aitt**.* I don't know why it was so **funny**.
Anjeeal *m.* >Anjeealyn	Breakfast *C'red t'ou goaill son **anjeeal**?* What do you have for **breakfast**?
Anmagh	Late *Cre'n fa t'eh dy kinjagh **anmagh**?* Why is he always **late**?
Ny sanmey (na)	Later (than) *Heeym oo **ny sanmey**.* See you **later**.
Ansherbee	Anyway ***Ansherbee**, bare dou goll roym.* **Anyway**, I'd better be on my way.
Appee	Ripe *Cha nel ny pearyn shoh jeeaghyn **appee** foast.* These pears don't look **ripe** yet.
Ard-ghooagh	Famous *T'eh **ard-ghooagh** ayns Rhumsaa.* He's **famous** in Ramsey.

Argid *m.* Money

*Vel **argid** dy liooar ayd son y varroose?*

Have you got enough **money** for the bus?

Arran *m.* Bread
>Arranyn

*Ta shin feme **arran** as bainney.*

We need **bread** and milk.

Arran greddan *m.* Toast

*Cha nel mee goaill agh **arran greddan** son brishey trostey.*

I only have **toast** for breakfast.

As And

*S'licklee dy jean Oshin **as** mee hene tannaghtyn sthie.*

Me **and** Oshin will probably stay in.

Ass Out of

*Ren red ennagh tuittym **ass** yn 'olt echey.*

Something fell **out** of his hair.

Ass myghin Exceedingly, mercilessly

*T'eh feayr **ass myghin**.*

It's **freezing**.

Atçhimagh Awful, terrible, terrifying

*Cre ta'n feiyr **atçhimagh** shen?*

What's that **awful** noise?

*S'**atçhimagh** y naight shen.*

That's **awful** news.

Aunlyn *m.*
Gravy, sauce
*Ren uss hene yn **aunlyn** shoh?*
Did you make this **gravy** yourself?

Awin
>Awinyn
River
*S'mie lesh yn moddey snaue syn **awin**.*
The dog likes swimming in the **river**.

Awree
>Awreeyn
Soup
*C'red t'ou er chur syn **awree** shoh?*
What have you put in this **soup**?

Ayn
In [Used to say that something exists or is present]
*Ta laa braew **ayn** jiu.*
It's a fine day today.

*Row monney sleih **ayn**?*
Were there many people **there**?

Ayr *m.*
>Ayraghyn
Father
*Honnick mee e h**ayr** sy traid y laa chaie.*
I saw her **father** in the street the other day.

B

Baagh *m.*
>Beiyn
Animal
*Cha vaik shin monney **beiyn**.*
We didn't see many **animals**.

Baarail

To spend

*T'ee er **vaarail** ooilley e hargid er yn jough.*

She's **spent** all her money on drink.

Baarey

To shave

*Ta mee ro litçheragh dy **vaarey** dagh laa.*

I'm too lazy to **shave** every day.

Baarle *f.*

English [language]

*Cre'n fa ta shiu loayrt **Baarle**?*

Why are you speaking **English**?

Bagoon *m.*

Bacon

*Veagh bap **bagoon** as cappan dy hey yindyssagh nish.*

A **bacon** bap and a cup of tea would be amazing right now.

Bainney *m.*

Milk

*Vel **bainney** erbee ain?*

Have we got any **milk**?

Balley *m.*
>Baljyn

Town
*Jeanmayd goll dys y **valley**?*
Shall we go to **town**?

Balley beg çheerey

Village
*Ren shin tannaghtyn ayns **balley beg çheerey** faggys da Lyon.*
We stayed in a **village** near Lyon.

Ard-valley

City
*She **ard-valley** mooar erskyn towse t'ayn.*
It's a huge **city**.

Mean y valley

Town centre
*V'eh jingit ayns **mean y valley**.*
It was rammed in the **town centre**.

Bane

White
*T'eh taaghey yn Thie **Bane**.*
He frequents the **White** House.

Bank *m.*
>Bankyn

Bank
*Shegin dou goll dys y **vank**.*
I need to go to the **bank**.

Bare da

Had better [do something]
*Foddee dy **bare dooin** çhyndaa back.*
Maybe **we'd better** turn back.

Barroose *m.*
>Barrooseyn

Bus
*Hie mee er y **varroose**.*
I went on the **bus**.

Bee *m.* — Food

*Cha nel monney **bee** sy thie.*

There's not much **food** in the house.

Claare bee — Menu

*Vel red erbee er y **chlaare bee** nagh vel feill ayn?*

Is there anything on the **menu** that doesn't have meat in it?

Thie bee — Restaurant, eatery

*Cre'n **thie bee** hie shiu huggey?*

Which **restaurant** did you go to?

Bee dty host! — Be quiet!

***Bee dty host** son minnid.*

Be quiet for a minute.

Beeal *m.*
>Beill — Mouth

*Dooin dty **veeal** choud's t'ou gee.*

Close your **mouth** while you eat.

Beg — Little, small

*Daa hunnag **veg**, jees as feed!*

Two **little** ducks, twenty two!

Beggan — A little, a small few

*Ta **beggan** aym.*

I've got a **little**.

*Cha row agh **beggan** er-mayrn.*

There were only a **very few** left.

Begin da — Had to

***Begin dou** glenney ad ooilley reesht.*

I had to clean them all again.

Ben *f.*
>Mraane

(i) Woman

*Quoi yn **ven** shen?*

Who's that **woman**?

(ii) Wife

*Vel dty **ven** foast ny boandyr?*

Is your **wife** still a nurse?

Ben lhee *f.*
>Mraane lhee

Female doctor

*Mannagh bee eh ny share mairagh neemayd cur shilley er y **ven lhee**.*

If he's not better tomorrow we'll go and see the **doctor**.

Ben ynsee *f.*
>Mraane ynsee

Female teacher

*Ta my charrey Aoife ny **ben ynsee**.*

My friend Aoife is a **teacher**.

Berreen *f.*
>Berreenyn

Cake

*Ta'n **verreen** shoh mie er bashtal!*

This **cake** is superb!

Biggin *f.*
>Bigginyn

Pet

*Vel **biggin** ayd?*

Have you got any **pets**?

Billey *m.*
>Biljyn

Tree

*Ta ny paitçhyn drappal **biljyn**.*

The kids are climbing **trees**.

Bio

Alive

*Vel eh foast **bio**?*

Is he still **alive**?

Blashtyn
blas
blesyn

To taste
*Cha noddym **blashtyn** eh ansherbee.*
I can't **taste** it anyway.

Blass *m.*
>Blassyn

(i) Flavour, taste
*Ta **blass** quaagh er.*
It has an odd **flavour**.

(ii) Accent
*Cha noddym toiggal yn **blass** echey.*
I can't understand his **accent**.

Blasstal
blasus

Tasty
*T'eh **blasstal** dy liooar.*
It's pretty **tasty**.

Bleb *m.*
>Blebbinyn

Fool, idiot
*She **bleb** eh.*
He's an **idiot**.

Blein *f.* >Bleeantyn	Year blwyddyn *Cre'n **vlein** v'ou ruggit?* What year were you **born**?
Bleeaney blynyddoedd	Years [used after numbers] *Ren shin garraghey dys Mannin mysh hoght **bleeaney** jeig er dy henney.* We moved to the island about eighteen **years** ago.
Mleeaney eleni	This year *Quoi vees cloie ec Yn Chruinnaght **mleeaney**?* Who's playing at Yn Chruinnaght **this year**?
Y vlein shoh çheet	Next year *Foddee dy bee caa aym **y vlein shoh çheet**.* Maybe I'll have a chance **next year**.
Bluggan *m.* >Blugganyn	Ball *Ta'n **bluggan** ayns garey y naboo reesht.* The **ball** is in the neighbour's garden again.
Bluggan coshey	Football *Ta **bluggan coshey** cur dreeys orrym.* **Football bores** me.
Boallagh	Used to ***Boallagh** shin teiy shalmaneyn sy vagher shen.* We **used to** pick mushrooms in that field.

Boalley *m.*
>Boallaghyn
Wall
Ren ad lhieggal y çhenn ***voalley****.*
They knocked down the old **wall**.

Boandyr *f.*
>Boandyryn
Nurse
T'ee ny ***boandyr*** *sy thie lheihys.*
She's a **nurse** in the hospital.

Boandyrys
To nurse
T'ee ***boandyrys*** *e vac.*
She's **nursing** his son.

Boayl *m.*
>Buill
Place
Cre'n ennym t'er y ***voayl*** *shen?*
What's that **place** called?

Boayl erbee
Anywhere
Cha noddym feddyn eh ***boayl erbee****.*
I can't find it **anywhere**.

Boayl ennagh
Somewhere
Cur ad ***boayl ennagh*** *sauçhey.*
Put them **somewhere** safe.

Boayrd *m.*
>Buird
Table
Cur yn daa ***voayrd*** *shen ry-cheilley.*
Put those two **tables** together.

Bodjallagh
Cloudy
V'eh ro ***vodjallagh*** *dy 'akin rollageyn erbee.*
It was too **cloudy** to see any stars.

Boirey

To worry, bother

*Ta mee **boirey** my-e-chione.*

I **worry** about him.

*Cre'n fa t'ou **boirit**?*

Why are you **worried**?

Boirey *m.*
>Boiraghyn

Problem, worry

*Cha s'aym's c'red ta'n **boirey**.*

I don't know what the **problem** is.

Bolg *m.* bol?
>Builg

Stomach, belly

*Ta my **volg** lane nish.*

My **stomach** is full now.

Bolvaneagh

Stupid, foolish

*Wahll va shen **bolvaneagh**.*

Well that was **stupid**.

Booiagh

(i) Pleased

*Ta mee **booiagh** dy 'akin oo reesht.*

I'm **pleased** to see you again.

(ii) Willing

*Ta mee **booiagh** dy yannoo eh.*

I'm **willing** to do it.

Boteil *m.* potel
>Boteilyn

Bottle

*T'ou er n'iu **boteil** dy 'eeyn hannah.*

You've drunk a **bottle** of wine already.

bro/dyr brawd

Braar *m.* >Braaraghyn	Brother *Vel fys ayd vel e **vraar** foast bio?* Do you know if his **brother** is still alive?
Braar sy leigh	Brother in law *Ren mee geeasaghey eh voish my **vraar sy leigh**.* I **borrowed** it from my brother in law.
Braew brog?	Fine *Va laa **braew** çheh ayn.* It was a **fine** warm day.
Braghtan *m.* >Braghtanyn Brechdan	Sandwich *C'red t'ou laccal er dty **vraghtanyn**?* What do you want on your **sandwiches**?
Brastyl *m.* >Brastylyn	Class *Cre'n **brastyl** t'ou goll huggey nish?* What **class** are you going to now?

Bretin *f.* — Wales Pryden

*V'ee cummal ayns **Bretin** son ymmodee bleeantyn.*

She lived in **Wales** for many years.

Bretnagh Brython — Welsh person

*Quoi yn **Vretnagh** shen haink lesh shilley orrin?*

Who was that **Welshman** who came to see us?

Bretnish Brythoneg — Welsh [language]

*T'eh lhiggey er dy vel **Bretnish** echey.*

He pretends that he speaks **Welsh**.

Briaght (jeh) — To ask

*Ren mee **briaght jeh** row eh foast laccal ad.*

I **asked him** whether he still wanted them.

***Brie jeu** cuin vees ad gimmeeaght.*

Ask them when they'll be leaving.

Brishey — To break

*Ren ee **brishey** e habane.*

She **broke** her ankle.

*Er lhiam dy vel yn red shoh **brisht** dy bollagh.*

I think this thing is completely **broken**.

Brishey trostey *m.* — Breakfast

*C'red t'ou goaill son **brishey trostey**?*

What do you have for **breakfast**?

Brishtag *f.* >Brishtagyn

Biscuit
*Quoi ta cur lesh ny **brishtagyn**?*
Who is bringing the **biscuits**?

Bunnys

Almost
*T'eh **bunnys** three feed blein d'eash.*
He's **almost** sixty years old.

Bwaane *m.* >Bwaaneyn

Shed
*T'eh ceau yn chooid smoo jeh e hraa sy **waane**.*
He spends most of his time in the **shed**.

Bwee

Yellow
*Nagh ee yn sniaghtey **bwee**!*
Don't eat the **yellow** snow.

Bwoirrin

Feminine
*Vel eh firrin ny **bwoirrin**?*
Is it masculine or **feminine**?

C

C'raad?

Where?
***C'raad** t'ou cummal ny laghyn shoh?*
Where are you living these days?

Caa *f.* >Caaghyn

Chance, opportunity
*Cha row monney **caa** aym dy loayrt r'ee.*
I didn't get much **chance** to talk to her.

Caair *f.*
>Caairyn

Chair
*Vel oo shickyr dy vel **caairyn** dy liooar ain?*
Are you sure we've got enough **chairs**?

Caarjoil

Friendly
*V'eh red beg ro **chaarjoil**.*
He was a bit too **friendly**.

Caashey *m.*
>Caashaghyn

Cheese
***Caashey** breinn yn caashey share.*
Smelly **cheese** is the best cheese.

Cabbal *f.*
>Cabbalyn

Chapel
*Nagh row yn **chabbal** shen jeant ny thie?*
Wasn't that **chapel** made into a house?

Cadley

To sleep
*T'eh ny **chadley** er yn tofa.*
He's **sleeping** on the sofa.

Caffee *m.*
>Caffeeyn

Coffee
*B'vie lhiat tey ny **caffee**?*
Would you like tea or **coffee**?

Caghlaa

To change
*Shegin dou **caghlaa** my eaddagh.*
I'll have to **change** my clothes.

Caid?

How long? [in time]
***Caid** t'ou er ve cummal ayns shen?*
How long have you lived there?

Cappan *m.*
>Cappanyn

Cup
*Quoid **cappan** ta shin feme?*
How many **cups** do we need?

Cappan dy hey

Cup of tea
*Quoid **cappan dy hey** t'ou goaill sy laa?*
How many **cups of tea** do you have a day?

Cappan dy chaffee

Cup of Coffee
*Ta un **chappan dy chaffee** dy liooar dooys.*
One **cup of coffee** is enough for me.

Carrey *m.*
>Caarjyn

Friend
*T'eh ny **charrey** dou.*
He's a **friend** of mine.

*Er lhiam nagh vel monney **caarjyn** echey.*
I don't think he has many **friends**.

Carradje *m.*
>Carradjyn

Carrot
*Ta shin feme **carradjyn**, unnishyn, as napin.*
We need **carrots**, onions, and a turnip.

Cashtal *m.*
>Cashtalyn

Castle
*Ren shin shooyl mygeayrt y **chashtal** as jeeaghyn er lhie ny greiney.*
We walked round the **castle** and watched the sunset.

Cass *f.*
>Cassyn

Foot

*Ta my **chassyn** gonnagh lesh shooyl choud jea.*

My **feet** are sore with walking so far yesterday.

Cassaghtee

cf peswch

To cough

*Va'n dooinney by niessey dou **cassaghtee** ooilley yn traa.*

The man next to me was **coughing** all the time.

Ceau

(i) To throw

*Smooinnee mee dy ren oo **ceau** shen magh.*

I thought you **threw** that out.

(ii) To wear

*Vel oo goll dy **cheau** yn gooyn shen chionnee mee dhyt?*

Are you going to **wear** that dress I bought you?

Ceau fliaghey

To rain

*Cha row eh **ceau fliaghey** er y Twoaie.*

It wasn't **raining** in the North.

Ceau sniaghtey

To snow

*V'eh **ceau sniaghtey** moghrey jiu.*

It was **snowing** this morning.

Cha lhiass (da) — Needn't, don't have to

*Cha **lhiass dooin** goll veg sodjey jiu.*

We **needn't** go any further today.

Çhaglym *m.* >Çhaglymyn — Meeting, gathering

*Jean oo goll dys yn **çhaglym** noght?*

Are you going to the **meeting** tonight?

Çhebbal (da) — To offer

*Ta my ayr er **jebbal** heiss **dooin**.*

My dad's **offered us** a lift.

Çheer *f.* >Çheeraghyn — Country

*S'cummey cre'n **çheer** v'ou ruggit aynjee.*

It doesn't matter what **country** you were born in.

Çheet — To come

*Vel oo er **jeet** foddey jiu?*

Have you **come** far today?

Çheh — Hot

*T'eh foddey ro **heh** ayns shoh.*

It's far too **hot** in here.

Çhelleeragh — Immediately, straight away

*Neeym **çhelleeragh** eh.*

I'll do it **right away**.

Çhellvane *m.* >Çhellvaneyn	Phone *Cha nel bree ayns my **hellvane**.* My **phone**'s out of battery.
Earroo çhellvane	Phone number *Cre ta dty **earroo çhellvane**?* What's your **phone number**?
Çhellvaney (er)	To phone *Ren mee **çhellvaney er** agh cha ren eh gansoor.* I **rang him** but he didn't answer.
Çhellveeish *m.* >Çhellveeishyn	Television *Cha nel mee jeeaghyn er y **çhellveeish**.* I don't watch **TV**.
Çhengey *f.* >Çhengaghyn	Tongue, language *Ren mee greimmey my **hengey**.* I bit my **tongue**.
Cum dty hengey!	Hold your tongue! ***Cum dty hengey**, voddey chustey!* **Hold your tongue**, ye scurvy dog!
Çheu-mooie (jeh)	Outside (of) *V'eh fuirraghtyn **çheu-mooie jeh'n** yiat.* He was waiting **outside** the gate.
Çheu-sthie (jeh)	Inside (of) *Ta ny claghyn **çheu-sthie jeh**'n cheeill nish.* The stones are **inside** the church now.

Çhing	Ill, sick *Va mee **çhing** agglagh y laa chaie.* I was really **sick** the other day.
Çhingys *m.* >Çhingyssyn	Illness, disease *Ta **çhingys** urree ec yn traa t'ayn.* She's **ill** at the moment.
Çhingys king	Headache *Va **çhingys king** orrym moghrey Jedoonee.* I had a **headache** on Sunday morning.
Çhirrym	Dry *Vel yn eaddagh shen **çhirrym** foast?* Are those clothes **dry** yet?
Cho	So, as *Va'n roddan **cho** mooar as kayt.* The longtail was **as** big as a cat. *Cha nel eh **cho** mie**'s** shen.* It's not **that** good.
Choud (as)	(i) As far (as) *Hie shin **choud as** Rushen.* We went **as far as** Rushen. ***Choud's** ta fys aym.* **As far as** I know. (ii) While ***Choud's** va shin nyn gadley.* **While** we were sleeping.

Çhyndaa

(i) Turn
*Er lhiam dy vel oo **çhyndaa** my-yesh ayns shoh.*
I think you **turn** right here.

(ii) To translate
*Quoi ren **çhyndaa** yn lioar shen?*
Who **translated** that book?

Claare *m.*
>Claareeyn

Programme
*Cre ny **claareeyn** t'ou jeeaghyn orroo ec yn traa t'ayn?*
What **programmes** are you watching at the moment?

Clag *m.* cloc
>Cluig

Clock
*Dooyrt eh dy beagh eh ayns shoh ec three er y **chlag**.*
He said he'd be here at three o' **clock**.

Clashtyn

To hear
*Ta mee er **chlashtyn** shen.*
I've **heard** that.

Cleayney

To persuade
*Ren ee **cleayney** mee dy heet magh.*
She **persuaded** me to come out.

Cleaysh *f.* clust
>Cleayshyn

Ear
*T'ee geearree geddyn e **cleayshyn** towlit.*
She wants to get her **ears** pierced.

Cliaghtey

(i) To practice

*T'ad **cliaghtey** sy çhenn halley.*

They **practice** in the old hall.

(ii) Usually, accustomed to

*Ta shin **cliaghtey** goll son kirbyl lurg y vrastyl.*

We **usually** go for lunch after the class.

Cloie

To play

*Cre'n skimmee t'ou **cloie** da?*

What **team** do you play for?

Club *m.*
>Clubbyn

Club

*Vaik oo yn dooinney quaagh shen sy **chlub**?*

Did you see that weird guy in the **club**?

Co-chaslys *m.*
>Co-chaslyssyn

Photo

*Quoi ren goaill yn **co-chaslys** shoh?*

Who took this **picture**?

Co-earrooder *m.*
>Co-earrooderyn

Computer

*Ta'n **co-earrooder** shoh brisht dy bollagh.*

This **computer** is knackered.

Coagyragh

To cook

*Cha nod ee **coagyragh** agh three reddyn.*

She can only **cook** three things.

Coar

Affable, decent

*T'eh ny ghooinney **coar**.*

He's a **decent** fellow.

Coayl

(i) To lose

*Ren mee **coayl** my hellvane er laghyn seyrey.*

I **lost** my phone on holiday.

Colli

(ii) To miss [a boat etc.]

*Ren shin **coayl** yn etlan.*

We **missed** the plane.

Colleish *m.*
>Colleishyn

College Coleg

*V'eh keayrt dy row goll dys y **cholleish**.*

He was going to **college** at one time.

Conning *f.*
>Conneeyn

Rabbit cwningen.

*Ta'n miksee er yn **chonning** shoh.*

This **rabbit's** got mixi.

Cooat *m.*
>Cooatyn

Coat Côt.

*Cur dty **chooat** mood eisht.*

Put your **coat** on then

Cooid *f.* — Goods, stuff

*Ta ooilley dty **chooid** sy gharey.*

All your **stuff's** in the garden.

Cooid share — Best [part or effort]

*Ta mee jannoo my **chooid share**.*

I'm doing my **best**.

Son y chooid smoo — Usually, for the most part

*Ta shin cloie ayns thie Yuan **son y chooid smoo**.*

We **usually** play in Juan's house.

Yn chooid smoo (jeh) — Most (of)

*Ta'n **chooid smoo jeu** ersooyl nish.*

Most of them are gone now.

Ec yn chooid sloo — At least

*Er lhiam dy lhisagh eh jannoo leshtal j'ee **ec yn chooid sloo**.*

I think he should **at least** apologise to her.

Cooinaghtyn (er) — To remember

*Cha nel mee **cooinaghtyn**, dy insh yn 'irriney.*

I don't **remember**, to tell the truth.

*Vel oo **cooinaghtyn er** yn oie shen ayns Paris?*

Do you **remember** that night in Paris?

Cooney (lesh) — To help

cynorthwyo ✓

*T'ee **cooney lesh** e mummig sy gharey.*

She's **helping** her mum in the garden.

*Kys oddym **cooney lhiat**?*

How can I **help** you?

Coontey — (i) To count
*Ta ny shlee ayn na oddym **coontey**.*
There are more than I can **count**.

Coorse *m.* >Coorseyn — Course
*Shegin dou goll er **coorse** syn 'astyr.*
I have to go on a **course** in the afternoon.

Cordail (rish) — To agree (with)
*Cha nel mee **cordail rhyt**.*
I don't **agree with** you.

Cosney — (i) To earn, gain, make money
*Vel oo **cosney** monney argid jannoo shen?*
Do you **make** much money doing that?

(ii) To win
*Quoi ren **cosney** yn gamman y laa chaie?*
Who **won** the game the other day?

Costal — Expensive
*Row ad **costal**?*
Were they **expensive**?

Cowag *f.* >Cowagyn — Chat
*Va **cowag** vie ain y laa chaie.*
We had a good **chat** the other day.

Cre / c'red?

What?

***Cre** dooyrt eh?*

What did he say?

***C'red** t'ou jannoo ayns shen?*

What are you doing there?

Cre ass?

Where from?

***Cre ass** ta ny braagyn shen?*

Where are those shoes **from**?

Cre choud?

How far?

***Cre choud**'s t'ou goll?*

How far are you going?

Cre veih?

Where from?

***Cre veih** ren Frederik çheet?*

Where did Frederik come **from**?

Cre whilleen?

How many? [followed by singular noun]

***Cre whilleen** tiggad t'er mayrn?*

How many tickets are left?

Cre'n, cre ny

Which, what?

***Cre'n** barroose t'ou geddyn?*

What bus do you get?

***Cre ny** laghyn t'ou seyr?*

What days are you free?

Creck (rish)

To sell (to)

*Cha nodmayd **creck** eh derrey vees yn obbyr jeant.*

We can't **sell** it until the work is done.

Credjal Credu
To believe
*Cha nel mee **credjal** shen.*
I don't **believe** that.

Cronk *m.*
>Crink
Hill
*S'mie lhiam shooyl er ny **crink**.*
I like walking in the **hills**.

Cuin?
When?
***Cuin** vees oo seyr?*
When will you be free?

Cuirrey
To invite
*Cre'n fa ren oo **cuirrey** ish dys my yiense?*
Why did you **invite** her to my party?

Cuirrey kiaull *m.*
>Cuirraghyn kiaull
Concert
*Jeanmayd goll dys y **chuirrey kiaull** oie Jeheiney?*
Shall we go to the **concert** on Friday night?

Cummal
To live
*Vel ad foast **cummal** ry-cheilley?*
Do they still **live** together?

Cur
To put
*Ren y dooinney post **cur** y vynjeig sy waane.*
The postman **put** the package in the shed.

Cur [language] er — To translate

***Cur Gaelg er** "get a life".*

How do you say "get a life" in Manx?

Cur aggle er — To frighten

***Hug** eh **aggle er** ny paitçhyn.*

He **frightened** the children.

Cur ass — To put out, turn off

***Cur ass** yn red shen.*

Turn that thing **off**.

Cur bee da — To feed

*Ny **cur bee da** ny foillanyn.*

Don't **feed** the gulls.

Cur çheb er — To guess

***Cur çheb er** yn trimmid aym.*

Guess my weight.

Cur da — To give

***Cur** paag **dou**.*

Give me a kiss.

Cur dreeys er — To bore

*Vel mee **cur dreeys ort**?*

Am I **boring you**?

Cur dys — To send

*Ren eh **cur** teks **hym** jea.*

He **sent me** a text yesterday.

*Neeym **cur** teks **dys** my vummig.*

I'll **send** my mum a text.

Cur er

(i) To compel, make
***Cur er** dty whooinney jannoo eh.*
Make your husband do it.
(ii) Turn on [appliance]
***Cur** yn coirrey **er**.*
Put the kettle **on**.

Cur feoh da

To hate
*Ta mee **cur feoh da**'n chlaare shen.*
I **hate** that programme.

Cur fys da / dys

To tell, inform
*Baare dhyt **cur fys da**.*
You'd better **tell him**.

Cur geill da

To pay attention, take heed
*Cha nel eh **cur geill dooys**.*
He **takes** no **notice** of **me**.

Cur graih da

To love
*Cre'n fa nagh vel oo **cur graih dou**?*
Why don't you **love** me?

Cur jerrey er

To finish
*Vel oo er **chur jerrey er** y chleigh shen foast?*
Have you **finished** that hedge yet?

Cur kied da

To permit, allow
*Ren my vummig **cur kied dou** çheet.*
My mum **let me** come.

Cur lesh	To bring *Nagh vel oo er **chur lhiat** berreen er my hon?* Haven't **you brought** a cake for me?
Cur mysh	To put on [clothes] ***Cur mood** dty chooat.* **Put** your coat **on**.
Cur oghsan da	To tell off *Begin dou **cur oghsan da** riyr.* I had to **tell him off** last night.
Cur raaue da	To warn *Ta mee er **chur raaue da** my-e-kione.* I've **warned him** about her.
Cur seose	To give up *Shen y fa ren mee **cur seose** yn obbyr shen.* That's why I **gave up** that job.
Cur shilley er	To visit *Lhig dooin **cur shilley er** Paayl.* Let's go and **visit** Paayl.
Cur tastey da	To pay attention *Cha nel eh **cur tastey da**'n obbyr echey.* He's not **paying attention to** his work.

Cur yn drogh er

To annoy, vex

*Ta'n dooinney shen **cur yn drogh orrym.***

That man **gets on my nerves**.

Curree *m.*
>Curreeyn

Curry

*Cha laik lhiam **curree** çheh.*

I don't like hot **curry**.

D

Da

To

*Cur yn aall **da**'n vraar ayd.*

Give the fork **to** your brother.

Daah *m.*
>Daaghyn

Colour

*C'ren **daah** ta'n dorrys oc?*

What **colour** is their door?

Dagh

Each, every

*Ta mee fakin eh **dagh** laa.*

I see him **every** day.

Danjeyragh
danjerus?

Dangerous

*T'ad foddey ro **ghanjeyragh** er my hon's.*

They're far too **dangerous** for me.

Daunsin
Dounsio

To dance

*V'ee **daunsin** marish dooinney elley.*

She was **dancing** with another man.

Derrey
Until
*Cha jeanym scuirr **derrey** vees eh jeant.*
I won't stop **until** it's done.

Deyr
Expensive
*Row ad feer **deyr**?*
Were they very **expensive**?

Dhone
Brown, brunette
*Vel eh **dhone**?*
Has he got **brown** hair?

Doillee
Difficult
*T'ee ro **ghoillee** er my hon's, yn lioar shen.*
It's too **difficult** for me, that book.

Doo
Black
*Ta shin roit ass ink **doo** reesht.*
We've run out of **black** ink again.

Doo-oallee *f.*
>Doo-oalleeyn
Spider
*Jeeagh er mooadys y **doo-oallee** shoh!*
Look at the size of this **spider**!

Dooinney *m.*
>Deiney
(i) Man
*Cha nel mee treishteil er yn **dooinney** shen.*
I don't trust that **man**.

(ii) Husband
*Vel fys ayd c'raad ta'n **dooinney** ayd?*
Do you know where your **husband** is?

Dooney
To shut, close
*Nagh vel ad er **ghooney** y boayl shen foast?*
Haven't they **closed** that place yet?
*Ta mee er hooyl shaghey agh t'eh dy kinjagh **dooint**.*
I've walked past but it's always **shut**.

Doostey
To wake up
*Cha ren mee **doostey** derrey munlaa.*
I didn't **wake up** until noon.

Dorrinagh
Stormy
*Va oie **ghorrinagh** ayn riyr.*
It was **stormy** last night.

Dorrys *m.*
>Dorryssyn
Door   drws. dôr
*Dooin y **dorrys**!*
Shut the **door**!

Drappal
To climb
*V'ad **drappal** er ny creggyn.*
They were **climbing** on the rocks.

Dree
Boring
*Wahll va shen **dree**.*
Well that was **boring**.

Dreeym *m.*
>Dreeyminyn
Back [of the body]
*Ta my **ghreeym** feer ghonnagh jiu.*
My **back** is really sore today.

Drogheda (Werodon)

Droghad *f.*
>Droghadyn

Bridge

*T'ad goll dy hroggal **droghad** noa.*

They're going to build a new **bridge**.

Duillag *f.*
>Duillagyn

(i) Page

*Cre'n **duillag** t'ou urree?*

What **page** are you on?

(ii) Leaf

*Ta ny **duillagyn** ooilley shirgit.*

The **leaves** are all withered.

Dy bieau

bua-n

Quickly

*Jean eh **dy bieau**.*

Do it **quickly**.

*Tayrn eh magh **dy bieau**.*

Pull it out **quickly**.

Dy bragh

Never [in the future]

*Cha jeanym **dy bragh** shappal ayns shen.*

I will **never** shop there.

Dy firrinagh

Really, truly

*V'eh feer vie, **dy firrinagh**.*

It was alright, **really**.

Dy gerrid

Soon

*Beemayd thie **dy gerrid**.*

We'll be home **soon**.

Dy jarroo	Indeed, definitely *T'ou **dy jarroo** er choayl dty chaa.* You've **definitely** missed your chance. ***Dy jarroo**!* **Indeed**!
Dy kinjagh	Always *T'ee **dy kinjagh** sy çhamyr eck.* She's **always** in her room.
Dy leah	Early *Begin dou gimmeeaght **dy leah**.* I had to leave **early**.
Ny s'leaie	Earlier *Foddee dy lhisin v'er n'yannoo eh **ny s'leaie**.* I probably should have done it **earlier**.
Cho leah's	As soon as ***Cho leah's** oddys oo.* **As soon as** you can.

Dy liooar

(i) Enough

*Vel shiu çheh **dy liooar**?*

Are you warm **enough**?

(ii) Plenty, sufficient

*Ta mee shickyr dy vel argid **dy liooar** oc.*

I'm sure they've got **plenty** of money.

Traa dy liooar

Time enough, take it easy

***Traa dy liooar**. Cre'n driss t'ort?*

Take it easy. What's your hurry?

Kiart dy liooar

OK, alright

***Kiart dy liooar**, agh cha nel mee cordail rhyt.*

Alright, but I don't agree with you.

Dy mennick

mynych.

Often

*Cha nel mee goll dys Doolish **dy mennick**.*

I don't go to Douglas **often**.

***Feer vennick**.*

Very often.

Dys, gys

To

*Jeanmayd goll **dys** y phairk son tammylt?*

Shall we go **to** the park for a bit?

E

Eaddagh *m.*

Clothes

*Cur mood dty **eaddagh**.*

Get dressed.

Earroo *m.*
>Earrooyn

Number

*Cre ta'n **earroo** ayd?*

What's your **number**?

Eash *f.*
>Eashyn

Age

*Cre'n **eash** t'eh nish?*

How **old** is he now?

Ec

(i) At

*Cre'n traa veesmayd **ec** yn stashoon?*

What time will we be **at** the station?

(ii) To have

*Nagh vel cooat **ayd**?*

Haven't you **got** a coat? [Literally, 'Isn't a coat at you?']

*Ta stroin vooar **ec** yn taggyrt.*

The priest **has** a big nose.

Ec yn traa t'ayn

At the moment

*Ta mee red beg tarroogh **ec yn traa t'ayn**.*

I'm a bit busy **at the moment**.

Edd *m.*
>Idd

Hat

*Ren ee jannoo **edd** er my hon.*

She made me a **hat**.

Eddyr

Between

*Er lhiam dy vel eh **eddyr** y vanc as yn oik postagh.*

I think it's **between** the bank and the post office.

Edyr

At all

*Cha mie lhiam yn smooinaght shen **edyr**.*

I don't like that idea **at all**.

Eeast *m.*
>Eeastyn

Fish

*Hooar yn **eeast** echey baase moghrey jiu.*

His **fish** died this morning.

Eeastagh

To fish

*C'raad ta shiu goll **eeastagh**?*

Where do you go **fishing**?

Eeasteyr *m.*
>Eeasteyryn

Fisherman

*V'eh ny **eeasteyr** son ymmodee bleeantyn.*

He was a **fisherman** for many years.

Eirinagh *m.*
>Eirinee

Farmer

*Va my haner ny **eirinagh**.*

My grandfather was a **farmer**.

Eisht — Then, after that

__Eisht__ hie shin roin dys y Cheyllys.
Then we went on to the Sound.

Cre'n fa nagh vel oo goll __eisht__?
Why aren't you going **then**?

Elley — (i) Other

Ta'n fer __elley__ ny share.
The **other** one is better.

(ii) Another

Sheeyn dou fer __elley__, Chlovis.
Pass me **another** one, Clovis.

(iii) Else

Quoi __elley__ ta çheet?
Who **else** is coming?

Emshyr *f.* — Weather

Row __emshyr__ vie ayn?
Was the **weather** good?

Enmys *m.*
>Enmyssyn — Address

Cre ta dty __enmys__?
What's your **address**?

Enmyssit — Named, called

Ta'n rannag eck __enmyssit__ Baxter.
Her frog is **called** Baxter.

Enney (ec + er) — To know, recognise

*Ta **enney aym er**.*
I **know him**.

*Vel **enney ayd er** y vraar aym?*
Do **you know** my brother?

Ennym (er) *m.* >Enmyn — Name

*Cre'n **ennym** t'urree?*
What's her **name**?

*Ta'n **ennym** urree Chrissy.*
Her **name** is Chrissy.

Er — On

*Vel red erbee mie **er** y çhellveeish?*
Is anything good **on** telly?

Er lhiam (dy / nagh) — I reckon (that)

***Er lhiam dy** vel ee ny cadley.*
I think she's sleeping.

***Er lhiam nagh** vel traa aym.*
I don't **think** I have time.

Er y fa (dy / nagh) — Because

*Ren mee kionnaghey ee **er y fa dy** row ee jeeaghyn symoil.*
I bought it **because** it looked interesting.

Er y fa shen — Because of that

***Er y fa shen** cha dod mee goll.*
Because of that I couldn't go.

Er y gherrid — Recently

Ta mee er chlashtyn ram mychione shen ***er y gherrid****.*

I've heard a lot about that **recently**.

Er-mayrn — Left, remaining

Cha nel veg ***er-mayrn*** *jeh nish.*

There's nothing **left** of it now.

Vel bourbonyn erbee ***er mayrn****?*

Are there any bourbons **left**?

Erskyn — (i) Above

T'eh ***erksyn*** *dty chione.*

It's **above** your head.

(ii) More than

Va ***erskyn*** *keead dy 'leih ayn.*

There were **more than** a hundred people there.

Erskyn towse — Immeasurable, very

T'eh liauyr ***erskyn towse****.*

It's **very** long.

Ersooyl — (i) Away

Ren ad goll ***ersooyl*** *Jeheiney.*

They went **away** on Friday.

(ii) Gone

T'ad ooilley ***ersooyl****.*

They're all **gone**.

F

Faagail

To leave
*C'raad ren oo **faagail** eh?*
Where did you **leave** it?

Faggys (da)

Near, close to
*Vel eh feer **faggys**?*
Is it very **close**?

*Ren shin tannaghtyn **faggys da**'n awin.*
We stayed **near** the river.

S'niessey (da)

Nearest (to)
*Va'n balley **sniessey** kiare meeilley jeh.*
The **nearest** town was four miles away.

Ny sniessey (da)

Nearer (to)
*T'eh **ny sniessey da** Purt ny hInshey na Balley Keeill Eoin.*
It's **closer to** Peel than St Johns.

Fakin

To see
*Vel oo **fakin** ny hushagyn beggey shid?*
Do you **see** those little birds over there?

Farkiaght (er / son)

To wait (for)
*Ta shin foast **farkiaght son** Mnr. Cregeen.*
We're still **waiting for** Mr. Cregeen.

Feayr

Cold
*T'eh **feayr** ass myghin!*
It's bloody **cold**!

Feddyn — To find

*Ren shin **feddyn** ad er yn traie.*
We **found** them on the beach.

Can fost

Feddyn magh — To find out

*Neeym **feddyn magh** er dty hon.*
I'll **find out** for you.

Feeackle *f.*
>Feeacklyn — Tooth

*Cur dty '**eeackle** fo'n chlooisag.*
Put your **tooth** under the pillow.

Feeackleyr *m.*
>Feeackleyryn — Dentist

*Shegin da goll dys yn '**eeackleyr** jiu.*
He has to go the **dentist** today.

Feer — Very

*Ta claare **feer** vie ayn ec y traa t'ayn.*
There's a **very** good programme on at the moment.

Feeshan *m.*
>Feeshanyn — Video

*Vel oo er n'akin yn **feeshan** shen jeh'n chayt?*
Have you seen that **video** of the cat?

Feeyn
>Feeynyn

Wine

*Ren mee giu rouyr **feeyn** riyr.*

I drank too much **wine** last night.

*Gow boteil dy **'eeyn** jiarg choud's t'ou ayns shen.*

Get a bottle of red **wine** while you're there.

Berrishyn feeyney

Grapes

*Ren shin teiy **berrishyn feeyney** ayns Alsace.*

We picked **grapes** in Alsace.

Feill
>Feillyn

Meat

*Er lhiam nagh vel ee gee **feill**.*

I don't think she eats **meat**.

Feill vuc

Pork

*Shegin da **feill vuc** ve dy slane coagyrit.*

Pork must be cooked thoroughly.

Feill eayn

Lamb

*Shynney lhiam **feill eayn**.*

I love **lamb**.

Feill chirkey

Chicken

*Jean shickyr dy chionnaghey **feill chirkey** organagh.*

Make sure to buy organic **chicken**.

Feill vart

Beef

*Quoid ren y pheesh dy **'eill vart** shen costal?*

How much did that piece of **beef** cost?

Feiyral	Noisy, loud *V'eh **feiyral** agglagh ayns shen.* It was very **noisy** in there.
Feme	To need *Ta mee **feme** braagyn noa.* I **need** new shoes.
Feme (ec + er)	To need *Ta **feme aym er** cadley.* I **need** sleep.
Ayns feme jeh	In need of *Ta'n gareish shoh **ayns feme jeh** glenney.* This garage **needs** cleaning.
Feme rish	Need for *Cha nel **feme rish**.* There's no **need for it**.
Feoh (ec + er)	To hate *Ta **feoh echey er** reddyn myr shen.* He **hates** things like that.
Fer (jeh) *m.* >Fir	(i) One (of) [with masculine nouns] *Ta'n **fer** shen jeeaghyn braew.* That **one** looks good. *Ren **fer jeu** gra dy nee Yernee ad.* **One of** them said they were Irish. (ii) Man *Quoi'n **fer** braew shen?* Who's that fine **fellow**?

Fer-lhee *m.*
>Fir lhee

Male doctor
*Ta mee er ve kiarail cur shilley er yn **'er-lhee** son tammylt.*
I've been meaning to go and see the **doctor** for a while.

Fer-ynsee *m.*
>Fir ynsee

Male teacher
*V'eh ny **'er-ynsee** Frangish dou.*
He was my French **teacher**.

Feysht *f.*
>Feyshtyn

Question
*Ta **feysht** aym ort.*
I've got a **question** for you.

Fillym *m.*
>Filmyn

Film
*Cre'n **fillym** ren shiu jeeaghyn er?*
What **film** did you see?

Firrin

Masculine
Er lhiam dy nee fockle **firrin** t'ayn.
*I think it's a **masculine** word.*

Fliaghey *m.*

Rain
*Ta'n **fliaghey** er scuirr nish.*
The **rain** has stopped now.

Fliugh

Wet
*Ta'n thalloo foast feer **fliugh**.*
The ground is still very **wet**.

Floo *m.*

Flu
*Ta sorçh ennagh dy **floo** er.*
He's got some sort of **flu**.

Flustyrnee	To potter, do little *Cha nel mee agh **flustyrnee** jiu.* I'm only **pottering** about today.
Fo	Under *Ta shin freayll ogher **fo**'n vrat.* We keep a key **under** the mat.
Foaddey	To light [fire etc.] *Nod oo **foaddey** yn aile er my hon?* Can you **light** the fire for me?
Foast	(i) Still *Ta mee **foast** bio.* I'm **still** alive. *Vel oo **foast** gobbragh da'n Chorpee?* Do you **still** work for the Corpy? (ii) Yet *Cha nel mee er n'yannoo ad **foast**.* I haven't done them **yet**.
Fockle *m.* >Focklyn	Word *C'red ta'n **fockle** son 'pointless' ayns Gaelg?* What's the **word** for 'pointless' in Manx?

Foddee (dy) — Perhaps, maybe

***Foddee dy** vel ad er n'gholl back dys y thie-oast.*

Maybe they've gone back to the hotel.

*Cha s'aym. **Foddee**.*

I dunno. **Maybe**.

Foddey — Long, far

*Va shen **foddey** er dy henney.*

That was a **long** time ago.

*Vel eh **foddey** veih shoh?*

Is it **far** from here?

Folt *m.* — Hair [the whole hair of the head]

*S'mie lhiam dty **'olt**.*

I like your **hair**.

Fosley — To open

*T'eh **fosley** ec nuy.*

It **opens** at nine.

***Foshil** yn uinnag!*

Open the window!

Freayll — To keep, save

*Ta mee er **'reayll** caair dhyt.*

I've **saved** a seat for you.

*Quoi ta **freayll** yn shapp nish?*

Who is **looking after** the shop now?

Freayll rick er	To keep control of *Cha nel ad **freayll rick er** ny paitçhyn oc.* They don't **keep** their kids **under control**.
Freggyrt *m.* >Freggyrtyn	Answer, reply *Bare dou cur **freggyrt** huggey.* I'd better send him a **reply**.
Freggyrt	To answer, reply *Cha nel ee er **'reggyrt** foast.* She hasn't **answered** yet.
Fud ny hoie	All night *Ren shin daunsey **fud ny hoie**.* We danced **all night**.
Fud-y-cheilley	Confused *Ta mee dy bollagh **fud-y-cheilley**.* I'm totally **confused**.
Fuirraghtyn	To wait *Nod oo **fuirraghtyn** jeih minnid?* Can you **wait** ten minutes?

Fys (ec + er)

To know

*Cha row **fys aym er** shen.*

I didn't **know** that.

*Cha nel **fys oc** cuin vees ad aarloo.*

They don't **know** when they'll be ready.

Cha s'aym

I don't know

***Cha s'aym** vel eh foast bio.*

I don't know if he's still alive.

G

Gaase

(i) To grow

*Kys ta ny pishyryn **gaase**?*

How are the peas **growing**?

(ii) To become

*Ren eh **gaase** skee.*

He **got** tired.

Gaelg

Manx language

*Vel **Gaelg** ayd?*

Do you speak **Manx**?

Gaelgagh

Relating to the Manx language

*C'raad oddys oo kionnagh lioaryn **Gaelgagh**?*

Where can you buy **Manx** books?

Gaih *m.*
>Gaihghyn

Toy

*Ta **gaih** noa eck.*

She's got a new **toy**.

Gamman *m.*
>Gammanyn

Game
*B'vie lhiat cloie yn **gamman** noa aym?*
Do you want to play my new **game**?

Gansee *m.*
>Ganseeyn

Jumper
*C'raad ta **gansee** Yuan?*
Where's John's **jumper**?

Gareish *m.*
>Gareishyn

Garage garej
*Ta'n **gareish** echey lome lane dy hrustyr.*
His **garage** is full of rubbish.

Garey *m.*
>Garaghyn

Garden gardd
*Ta **garey** mooar cooyl yn thie.*
There's a big **garden** at the back of the house.

Gareyder *m.*
>Gareyderyn

Gardener garddwr
*B'laik lhiam ve my **ghareyder**.*
I'd like to be a **gardener**.

Garraghey

To move [house etc.]
*Cuin vees shiu **garraghey** dys y voayl noa?*
When are you **moving** to the new place?

Geaishtagh (rish) — ust?
To listen (to)
*Vel oo **geaishtagh rhym** edyr?*
Are you even **listening to me**?

Eaisht (rish) ust
Listen!
***Eaisht rish** shoh!*
Listen to this!

Geay *f.*
>Geayghyn
Wind
*Ta'n **gheay** feer feayr jiu.*
The **wind** is very cold today.

Geayagh
Windy
*V'eh feer **gheayagh** heose er y chronk.*
It was very **windy** up on the hill.

Geayney
Green
*She lioar veg **gheayney** t'ayn.*
It's a little **green** book.

Geddyn
To get, find
*Ren mee **geddyn** eh son veg.*
I **got** it for nothing.

Geddyn aarloo
To get ready
*Bare dhyt **geddyn aarloo** son y yiense.*
You'd better **get ready** for the party.

Geddyn baase
To die
*Er lhiam dy ren eh **geddyn baase** mysh jeih bleeaney er dy henney.*
I think he **died** about ten years ago.

Geddyn poost

To get married

*Cuin ren shiu **geddyn poost**?*

When did you **get married**?

Geddyn rey rish

To get rid of

*T'ad er **n'gheddyn rey rish** yn chooid smoo jeu.*

They've **got rid of** most of them.

***Fow rey rish**!*

Get rid of it!

Gee

To eat

*C'red ta'n moddey shen **gee** nish?*

What's that dog **eating** now?

Geearree

To want

*Ta mee **geearree** gleashtan noa.*

I **want** a new car.

Geeassaghey

To lend, borrow

*Nod oo **geeassaghey** feed punt dou?*

Can you **lend** me twenty pounds?

Geeck (son)

To pay (for)

*Vel oo er **n'eeck son** y vee foast?*

Have you **paid for** the food yet?

Geirinagh

To farm

*T'eh **geirinagh** Balley Quayle.*

He **farms** at Ballaquayle.

Gennaghtyn

To feel

*Va mee **gennaghtyn** red beg moal.*

I was **feeling** a bit under the weather.

Getlagh | To fly
*Ta shin **getlagh** dys Lerphoyl hoshiaght.*
We're **flying** to Liverpool first.

Geurey *m.* >Geuraghyn | Winter
*T'ad goll dys yn Spaainey son y **yeurey**.*
They go to Spain for the **winter**.

Giare | Short
*Cha nel yn folt eck agh **giare**.*
Her hair is only **short**.

*Ayns traa **giare**.*
In a short **time**.

Giarrey | To cut
*Vel oo er **yiarrey** dty 'olt, Wesley?*
Have you **cut** your hair, Wesley?

Giense *m.* >Gienseyn | Party, celebration
*Bee oo ec y **yiense** Jeheiney?*
Will you be at the **party** on Friday?

Gimman | To drive
*Nod oo **gimman**?*
Can you **drive**?

Gimmeeaght | To **depart**
*Cuin vees shiu **gimmeeaght**?*
When will you be **leaving**?

Gindys | To wonder
*Ta mee **gindys** vel ee cooinaghtyn orrym.*
I **wonder** if she remembers me.

Ginsh (da) | To tell
*Nod oo **ginsh j'ee** nagh beeym ayn?*
Can you **tell her** I won't be there?

Girree | To get up
*Begin dooin **girree** ec queig moghrey jiu.*
We had to **get up** at five this morning.

Giu | To drink
*C'red t'ou **giu**?*
What are you **drinking**?

*C'red t'ou laccal dy **iu**?*
What do you want to **drink**?

Glare *f.* >Glaraghyn | Language
*Cre'n **ghlare** t'ad loayrt?*
What **language** are they speaking?

Gleashaghey | To move
*Lhisagh yn red shen **gleashaghey**.*
That thing ought to **move**.

Gleashtan *m.* >Gleashtanyn | Car
*Cha nel agh room son kiare sy **ghleashtan** aym.*
There's only room for four in my **car**.

glên ([illegible])

Glen — Clean

glân

Cha nel ad shoh jeeaghyn ***glen****.*

These don't look **clean**.

Glenney — To clean

glanhau.

Shegin dou ***glenney*** *ny huinnagyn shoh.*

I'll have to **clean** these windows.

Goaill — To take

Neeym ***goaill*** *ad ooilley.*

I'll **take** them all.

Goaill arrane — To sing

Cheayll mee oo ***goaill arrane*** *sy frass.*

I heard you **singing** in the shower.

Cre'n ***arrane*** *ren oo* ***goaill****?*

What song did you **sing**?

Goaill ayrn (ayns) — To take part (in)

Ta failt ort ***goaill ayrn****.*

You're welcome to **take part**.

Goaill foddeeaght (son) — To miss, long (for)

Ta mee ***goaill foddeeaght er dty hon****.*

I **miss you**.

Goaill kiarail (jeh)	Take care (of) *Ta my voir **goaill kiarail jeh** ny paitçhyn jiu.* My mother is **looking after** the kids today. ***Gow kiarail**!* **Take care**!
Goaill nearey (jeh)	To be ashamed, embarrassed *V'ad **goaill nearey jeh**'n ghlare oc hene.* They were **ashamed of** their own language.
Goaill rish	To admit, acknowledge *Ta mee **goaill rish** nagh row mee kiart.* I **admit** that I was wrong.
Goaill soylley (jeh)	To enjoy *Va shin just **goaill soylley jeh**'n emshyr vie.* We were just **enjoying** the nice weather.
Goaill taitnys (ayns)	To enjoy *Ren mee **goaill taitnys** vooar **sy** laa mooie ain.* I really **enjoyed** our day out.

Goaill tastey (jeh)	To notice *Cha nel mee rieau er* ***n'ghoaill tastey jeh*** *shen.* I've never **noticed** that.
Goaill toshiaght	To begin, start *Ren eh* ***goaill toshiaght*** *dy cheayney.* He **started** crying.
Goaill yindys	To be surprised, amazed *Ren mee* ***goaill yindys*** *dy 'akin ad ayns shen.* I was **surprised** to see them there.
Gobbragh (da)	To work (for) *Er lhiam dy vel eh* ***gobbragh da****'n reiltys.* I think he **works for** the government.
Goll	To go *Ta mee* ***goll*** *dys thie my phaarantyn.* I'm **going** to my parents' house. *Lhisagh shin v'er* ***n'gholl*** *er y vaatey.* We should have **gone** on the boat.
Goll er	To go on, continue *Vel yn giense foast* ***goll er****?* Is the party still **going on**?
Goll lesh shilley er	To go and see, visit ***Hie*** *shin* ***lesh shilley er*** *yn çhenn cheeill.* We **went to see** the old church.

Gollrish — Like

*T'eh jeeaghyn **gollrish** my vraar.*

He looks **like** my brother.

Gonnagh — Painful, sore

*Ta my ghreeym cho **gonnagh** nagh voddym shooyl.*

My back is so **sore** I can't walk.

Gorrym — Blue

*T'ee dy kinjagh ceau yn cooat **gorrym** shen.*

She's always wearing that **blue** coat.

Gow my leshtal — (i) Sorry

***Gow my leshtal**, cha row mee geaishtagh.*

Sorry, I wasn't listening.

(ii) Excuse me

***Gow my leshtal**, nod oo cooney lhiam?*

Excuse me, can you help me?

Gowaltys *m.* >Gowaltyssyn — Farm

*Ren shin tannaghtyn er **gowaltys**.*

We stayed on a **farm**.

Gra — To say

*T'ou er **ghra** shen hannah.*

You've **said** that already.

Graih (ec + er) — To love

*Ta **graih aym ort**.*

I **love** you.

Greie *m.*
>Greienyn

Machine, instrument
*Ta **greie** oc son jannoo shen.*
They've got a **machine** for doing that.

Greie chiaullee

Musical instrument
*Cre ny **greienyn kiaullee** t'ou cloie?*
What **instruments** do you play?

Grian *f.*
>Grianyn
graianfryn?

Sun
*Ta'n **ghrian** soilshean ec yn chooid sloo.*
At least the **sun** is shining.

Grianagh

Sunny
*T'ad gra dy bee eh **grianagh** mairagh.*
They say it'll be **sunny** tomorrow.

Guilley *m.*
>Guillyn

Boy
*Er lhiam dy vel ny **guillyn** er n'gholl dy snaue syn awin.*
I think the **boys** have gone to swim in the river.

Gura mie ayd

Thank you
***Gura mie ayd** son shen.*
Thanks for that.

Gura mie eu

Thank you [plural and polite]
***Gura mie eu** ooilley son çheet.*
Thank you all for coming.

Gyllagh
galw.

To call out, shout
*Ren mee **gyllagh magh** agh cha geayll ad mee.*
I **called out** but they didn't hear me.

Gyn	Without *Ren mee eh **gyn** smooinaghtyn.* I did it **without** thinking.
Gyn dooyt	Without doubt, certainly *She turrys foddey t'ayn, **gyn dooyt**.* It's **certainly** a long journey.
Gyn obbyr	Unemployed, out of work *T'eh er ve **gyn obbyr** son bunnys three meeaghyn.* He's been **unemployed** for almost three months.
Gyn ourys	Without doubt, certainly *T'eh symoil **gyn ourys**.* It's **definitely** interesting.
Gynsagh	To learn *Caid t'ou er ve **gynsagh** Gaelg?* How long have you been **learning** Manx?
Gynsagh (da)	To teach *Shegin dhyt **gynsagh dou** kys dy yannoo shen.* You'll have to **teach me** how to do that.

H

Halley *m.*
>Hallaghyn

Hall
*Bee yn çhaglym ayns y **halley** mooar.*
The meeting will be in the big **hall**.

Hannah

Already
*Ta mee er n'yannoo eh **hannah**.*
I've done it **already**.

*T'eh **hannah** er vaarail yn argid.*
He's **already** spent the money.

Harrish

Over
*Ren y moddey lheim **harrish** y woalley.*
The dog jumped **over** the wall.

Hene

hunan.

(i) Self
*Oddin jannoo shen **mee hene**.*
I could do that **myself**.

hun

(ii) Own
*S'licklee dy jeanym goaill my ghleashtan **hene**.*
I'll probably take my **own** car.

un.

(iii) Single
*Cha nel Manninagh **hene** er y ving.*
There's not a **single** Manxman on the committee.

Hoshiaght — First
*Hie shin dys y Thie Bane **hoshiaght** agh v'eh lhome lane.*
We went to the White House **first** but it was rammed.

I

Immanagh *m.* >Immanee — Driver
*Va'n **immanagh** ain feer aitt.*
Our **driver** was hilarious.

Inneen, 'neen *f.* >Inneenyn — (i) Girl
*Quoi y **'neen** shid?*
Who's that **girl** over there?

(ii) Daughter
*Ta shiaght **inneenyn** echey.*
He's got seven **daughters**.

J

Jaggad *m.* >Jaggadyn — Jacket
*Ren mee faagail my **yaggad** ayns shoh?*
Did I leave my **jacket** here?

Jalloo *m.* >Jallooghyn — Picture
*Ren my warree peintal yn **jalloo** shen.*
My grandmother painted that **picture**.

Jannoo	(i) To do *Vel oo er **n'yannoo** eh foast?* Have you **done** it yet? (ii) To make *Vel oo **jannoo** arran dagh laa?* Do you **make** bread every day?
Jeant dy mie!	Well done! ***Jeant dy mie**, Chrispin!* **Well done**, Crispin!
Jannoo broghe (jeh)	To make a mess (of) *T'ou **jannoo brock jeh**.* You're **making a mess of it**.
Jannoo er	To ail, vex, bother *C'red ta **jannoo ort**?* What's the **matter with you**? *Ta my ghreeym foast **jannoo orrym**.* My back is still **bothering me**.
Jannoo ymmyd jeh	To use *Ta mee **jannoo ymmyd jeu** dagh laa.* I **use them** every day.
Jarrood	To forget *Ren mee **jarrood** dy chur ass yn oghe.* I **forgot** to turn off the oven. ***Yarrood** mee dy bollagh.* I completely **forgot**.

Jea	Yesterday *Ren shin meeiteil r'ee **jea**.* We met her **yesterday**.
Arroo y jea	**The day before yesterday** *She **arroo y jea** hie shin dys shen.* It's **the day before yesterday** we went there.
Jeeaghyn (er)	To look (at), watch *Ren shiu **jeeaghyn er** y rugby jea?* Did you **watch** the rugby yesterday?
Jeeaghyn (da)	To show (to) *Ren eh **jeeaghyn dooin** yn gaih noa echey.* He **showed us** his new toy.
Jeeaghyn mysh	To look after *Nod oo **jeeaghyn mysh** ny paitçhyn son oor ny jees fastyr mairagh?* Can you **look after** the kids for an hour or two tomorrow afternoon?
Jeeaghyn son	To look for *Shegin dou **jeeaghyn son** red ennagh elley.* I'll have to **look for** something else.
Jeean	Keen, sincere *T'ee **jeean** dy liooar ansherbee.* She's **pretty** keen anyway.

Jeeragh

(i) Straight

*T'eh jeeaghyn **jeeragh** dy liooar dooys.*

It looks **straight** enough to me.

(ii) Direct, straight away

*Gow **jeeragh** dys thie dty warree.*

Go **straight** to your granny's house.

Jeh ei

Of

*Va kuse **jeh** ny deiney gaase corree.*

Some **of** the men were getting angry.

Jeigh

To shut

*Ren ad **jeigh** mee mooie.*

They **shut** me out.

***Jeigh** yn dorrys!*

Shut the door!

Jerrey *m.*
>Jerraghyn

End

*Shegin dooin goll ec **jerrey** y vee.*

We have to leave at the **end** of the month.

S'jerree

Last, final

*Yn cheayrt **s'jerree** hie mee dys shen cha row peiagh erbee ayn.*

Last time I went there there was nobody there.

Jesh	(i) Right [side] *T'ad gimman er çheu **yesh** y raad ayns paart dy heeraghyn.* They drive on the **right** side of the road in some countries. (ii) Smart, nice, neat, tidy *T'ou jeeaghyn feer **jesh** jiu, Vainshter Kinry.* You're looking very **smart** today, Mr. Harrison. (iii) Suitable, appropriate *Cha beagh shen **jesh**.* That wouldn't be **suitable**.
Jiarg	Red *Nagh row giat mooar **jiarg** ec yn thie?* Didn't the house have a big **red** gate?
Jiass	South *Ta sleih quaagh sy **Jiass**.* People are strange in the **South**.
My-yiass	Southward, to the south *My t'ou goll **my-yiass** veih Doolish t'eh er y laue hoshtal.* If you're going **south** from Douglas it's on the left hand side.
Jinnair *m.* >Jinnairyn	Dinner *Vel oo lesh dty **yinnair** foast?* Have you had your **dinner** yet?

Jishig *m.* >Jishigyn	Dad *Cha nel shin fakin nyn **yishig** agh ec yn jerrey shiaghtin nish.* We only see our **dad** at weekends now.
Jishig mooar	Grandfather *Ren my **yishig mooar** troggal yn thie shen.* My **grandfather** built that house.
Jiu	Today *C'red t'ou jannoo **jiu**?* What are you doing **today**?
Jough *f.* Joch! >Joughinyn	Drink *B'vie lhiat **jough**?* Would you like a **drink**?
Jummal	To waste *T'ee **jummal** e hargid er eaddagh.* She **wastes** her money on clothes.
Jurnaa >Jurnaaghyn Siorna.	Journey, trip *Kys va'n **jurnaa**?* How was the **journey**?
Jus	Just *Va mee loayrt roo **jus** nish.* I was talking to them **just** now.

K

Kayeeagh	Foggy, misty *V'eh feer **chayeeagh** er y clieau.* It was really **misty** on the mountain.

Kayt *m.* Cath
>Kiyt

Cat
*Cha s'aym cre whilleen **kayt** t'eck sy thie shen.*
I don't know how many **cats** she's got in that house.

Keayn *m.*

Sea
*Ren shin snaue sy **cheayn** ry-cheilley.*
We swam in the **sea** together.

Keayney

To cry
*Cre'n fa t'ou **keayney**?*
Why are you **crying**?

Keayrt *f.*
>Keayrtyn

Time, occasion
*Cha row mee ayns shen agh un **cheayrt**.*
I've only been there **once**.

Keayrt dy row

Once
*Va enn aym er inneen **keayrt dy row**...*
I **once** knew a girl...

Keayrt ny ghaa

Many times
*Va mee ayns shen **keayrt ny ghaa**.*
I've been there **many times**.

Keeill *f.* Kil.
>Kialteenyn

Church
*Bee shiu geddyn poost sy **cheeill**?*
Will you be getting married in the **church**?

Kegeesh *f.*
>Kegeeshyn

Fortnight
*Beemayd ersooyl son **kegeesh**.*
We'll be away for a **fortnight**.

Kenjal — Kind

*Ta shen feer **chenjal**.*

That's very **kind**.

Kere *f.* >Kerenyn — Comb

*C'raad ta'n **chere** veg shen?*

Where's that little **comb**?

Kerey — To comb

*Tar dys shoh as neeym **kerey** dty 'olt.*

Come here and I'll **comb** your hair.

Kerroo *m.* >Kerrooyn — Quarter

*T'eh bunnys **kerroo** gys three.*

It's nearly **quarter** to three.

*Va mysh **kerroo** jeh'n theay ayns foayr jeh.*

About a **quarter** of the population was in favour of it.

Key riojey *m.* >Keyghyn riojey — Ice cream

*Cre'n blass **key riojey** share lhiat?*

What's your favourite flavour of **ice cream**?

Kiare — Left [hand]

*Ren mee bwoailley my laue **chiare** lesh yn oard.*

I hit my **left** hand with the hammer.

Kiark *f.* >Kiarkyn — Chicken

*Cre whilleen **kiark** t'eu?*

How many **chickens** have you got?

Kiart

Right, correct

*Er lhiam nagh vel shen **kiart**.*

I don't think that's **right**.

Kione *m.*
>King

(i) Head

*Nagh vel y **kione** ayd feayr?*

Isn't your **head** cold?

(ii) End

*Gow shiu dys **kione** y raad as hee shiu jeeragh eh.*

Go to the **end** of the road and you'll see it straight away.

Kione mooar

Hangover

*S'licklee dy vel **kione mooar** er.*

He's probably got a **hangover**.

Kionnaghey

To buy

*Quoi yinnagh **kionnaghey** red ennagh myr shen?*

Who would **buy** something like that?

***Chionnee** shin eh er laghyn seyrey*

We **bought** it on holiday.

Kirbyl *m.*
>Kirbil

Lunch

*C'raad neemayd goll son **kirbyl**?*

Where shall we go for **lunch**?

Kishtey *m.*
>Kishtaghyn

Box

*Ta ooilley'n chooid aym ayns **kishtaghyn** ec yn traa t'ayn.*

All my stuff is in **boxes** at the moment.

Kuse (dy) *f.* | Some, a few
*Ta **kuse** dy phaitçhyn myr shen.*
Some kids are like that.

Kuse (jeh) | Some, a few (of)
*Nagh row **kuse jeu** geid reddyn?*
Weren't **some of** them stealing things?

Kys? | How?
***Kys** t'ou gennaghtyn moghrey jiu?*
How are you feeling this morning?

L

Laa
>Laghyn | Day
*Ta shiaght **laa** ayns shaghtin*
There are seven **days** in a week

Laa ruggyree | Birthday
*Cuin ta dty **laa ruggyree**?*
When's your **birthday**?

Laghyn seyrey | Holiday
*Beemayd er **laghyn seyrey** yn çhiaghtin shen.*
We'll be on **holiday** that week.

Y laa chaie | The other day
*Er lhiam dy vaik mee eh **y laa chaie**.*
I think I saw him **the other day**.

Feiy'n laa | All day
*V'ee ayns e lhiabbee **feiy'n laa**.*
She was in bed **all day**.

Laare *f.* llawr.
>Laareyn

Floor

*Ren eh tuittym er y **laare**.*

It fell on the **floor**.

*Ta three **laareyn** ec yn thie.*

The house has three **floors**.

Laccal

(i) Want

*Vel oo **laccal** cappan dy hey?*

Do you **want** a cup of tea?

(ii) Need

*Cha nel mee **laccal** eh ny sodjey.*

I don't **need** it any more.

Lane llawn.

(i) Full

*Ta'n thie echey **lane** dy hrustyr.*

His house is **full** of rubbish.

(ii) Great, much

*Ta mee goaill **lane** taitnys ayns geaishtagh rish kiaull.*

I take **great** pleasure in listening to music.

Lane vie

Pretty good

*Ta mee **lane vie**, gura mie ayd.*

I'm **pretty good**, thanks.

Lhome lane

Chock full, rammed

*V'eh **lhome lane** dy 'leih.*

It was **full** of people.

Laue *f.* llaw
>Laueyn

Hand

*Niee dty **laueyn**.*

Wash your **hands**.

Lesh

With

*Eisht jean mastey eh **lesh** spein fuyghee.*

Then stir it **with** a wooden spoon.

Lhag-haghyrt *m.*
>Lhag-haghyrtyn

Accident

*Geayll oo mychione y **lhag-haghyrt** er Giat y Clieau?*

Did you hear about the **accident** on the Mountain Road?

Lhaih lleu?

To read

*Vel oo er **lhaih** yn lioar shen ren mee geeassaghey dhyt?*

Have you **read** that book I lent you?

Lheeah

Grey

*T'eh **lheeah** nish agh v'eh doo tra v'eh aeg.*

He's **grey** now but he had black hair when he was younger.

Lheid

Such, sort, like

*Quoi s'mie lesh **lheid** y voghtynid shoh?*

Who likes this **sort** of nonsense?

*Cha nel mee rieau er n'akin y **lheid**.*

I've never seen the **like**.

Lhiabbee *f.*
>Lhiabbaghyn

Bed

*Nagh insh dou dy vel oo foast sy **lhiabbee**.*

Don't tell me you're still in **bed**.

Eaddagh lhiabbee

Bed clothes

*Cooin lhiam lesh yn **eaddagh lhiabbee** shoh.*

Help me with these **bed clothes**.

Lhiannoo *m.*
>Lhiennoo

Baby

*Kys ta'n **lhiannoo**?*

How is the **baby**?

Lhieggal

To knock down

*T'ad er **lhieggal** yn çhenn thie.*

They've **knocked down** the old house.

Lhiggey (da)

To let, allow

*Cha jean my whooinney **lhiggey dooys**.*

My husband won't **let me**.

***Lhig dooin** goll dys yn ynnyd garey!*

Let's go to the garden centre!

Lhiggey shaghey

To delay, procrastinate

*Cha nel mee agh **lhiggey shaghey** yn traa.*

I'm just **procrastinating**.

Lhisagh — Ought to, should
***Lhisagh** shin goll roin.*
We **should** get going.

Lhisin — I ought, should
***Lhisin** v'er n'yannoo shen ny s'leaie.*
I should have done that earlier.

Lhune — Beer, ale
*Ta my yishig jannoo **lhune** sy thie.*
My dad makes **beer** at home.

Lieh *f.*
>Liehghyn — Half
*V'ad ooilley **lieh** scooyrit.*
They were all **half** drunk.

Lieh oor lurg — Half past
*Neeym çheet ec **lieh oor lurg** shey.*
I'll come at **half past** six.

Lieh raad — Half way
*Va shin **lieh raad** trooid yn fillym tra hie yn phooar ass.*
We were **half way** through the film when the power went out.

Yn derrey lieh jeh — Half of
*Ta'n **derrey lieh jeu** brisht.*
Half of them are broken.

Dy lieh — And a half
*Ta mee er ve gynsagh son blein **dy lieh**.*
I've been learning for a year **and a half**.

Lioar *f.* >Lioaryn	Book *Neeym geeassaghey yn **lioar** dhyt lurg dou lhaih ee.* I'll lend you the **book** when I've read it.
Liorish	By *V'eh scruit **liorish** fer enmyssit Archibald Cregeen.* It was written **by** a man called Archibald Cregeen.
Litçheragh	Lazy *Ta mee foddey ro **litçheragh** son shen.* I'm far too **lazy** for that.
Loayrt (rish)	To talk (to) *Nod oo **loayrt rish** er my hon?* Can you **talk to him** for me? ***Loayr** mee **ree** y laa chaie.* I **spoke to her** the other day.
Loghan snaue *f.* >Loghanyn snaue	Swimming pool *Ta mee goll dys y **loghan snaue** dagh moghrey Jesarn.* I go to the **swimming pool** every Saturday morning.
Losserey *f.* >Lossreeyn	Vegetable *Ee dty **lossreeyn**.* Eat your **vegetables**.

Lught thie *m.*
>Lughtyn thie

Family
*Ta **lught thie** berçhagh echey.*
He's got a wealthy **family**.

Lurgey *f.*
>Lurgaghyn

Leg
*Ren eh brishey e **lurgey** yesh ayns daa voayl.*
He broke his right **leg** in two places.

M

Mac *m.*
>Mec

Son macwy.
*Ta mee shickyr dy vel daa **vac** echey.*
I'm sure he has two **sons**.

Magh

Out [with motion]
*Jeanmayd goll **magh** noght?*
Shall we go **out** tonight?

Magh ass

Out of
*Hie ee **magh ass** yn çhamyr.*
She went **out of** the room.

Magher *m.*
>Magheryn

Field
*T'ad er hroggal thieyn er y **vagher** shen nish.*
They've built houses in that **field** now.

Mair *f.*
>Meir

Finger
*Ren ee jeigh e **mair** sy dorrys.*
She trapped her **finger** in the door.

Mairagh — Tomorrow
*Bee oo gobbragh **mairagh**?*
Are you working **tomorrow**?

Mannin *f.* — The Isle of Man
*Ta mee booiagh dy ve erash ayns **Mannin**.*
I'm happy to be back on the **Isle of Man**.

Manninagh — Manx person
*Nee **Manninagh** v'eh?*
Was he **Manx**?

Marish — With
*Ren mee ceau yn slane laa **marish** my chaarjyn.*
I spent the whole day **with** my friends.

Markiaght — To ride
*Ren my haner **markiaght** sy TT ayns ny sheyadyn.*
My grandad **rode** in the TT in the sixties.

Marran *m.* >Marranyn — Mistake, error
*She **marran** v'ayn.*
It was a **mistake**.

Maynrey — Happy
*Vel oo dy firrinagh **maynrey** marish?*
Are you truly **happy** with him?

Mean *m.* — Centre, middle

*V'eh ny hassoo ayns **mean** y raad.*

He was standing in the **middle** of the road.

Mee *f.* mis?
\>Meeaghyn — Month

*Cre'n **vee** t'ayn nish?*

What **month** is it now?

Yn vee shoh çheet — Next month

*Beeym ersooyl son y chooid smoo jeh'**n vee shoh çheet**.*

I'll be away for most of **next month**.

Yn vee shoh chaie — Last month

*Er lhiam dy daink ad back **y vee shoh chaie**.*

I think they came back **last month**.

Meeilley *m.*
\>Meeillaghyn
millbir? — Mile

*Ren shin shooyl queig **meeilley** jeig jea.*

We walked fifteen **miles** yesterday.

Meoir shee *m.*
\>Meoiryn shee — Policeman / policewoman

*Ta ny **meoiryn shee** er ghooney yn raad.*

The **police** have closed the road.

*Va'n boayl er croo lesh **meoiryn shee**.*

The place was crawling with **police**.

Mie
Good
*Cha row eh **mie**.*
It wasn't **good**.

Mie er bashtal
Excellent
*Va jinnair **mie er bashtal** ain.*
We had an **excellent** dinner.

S'mie shen!
Great!
*Oh, **s'mie shen**!*
Oh, **great**!

Miljan *m.*
>Miljanyn
Sweet, confection
*Nodmayd geddyn paart dy argid son **miljanyn**?*
Can we have some money for **sweets**?

Millish
Sweet
*T'eh ro **villish** er my hon's.*
It's too **sweet** for me.

Minnid *f.*
>Minnidyn
Minute
*Cha jean eh goaill agh **minnid**.*
It'll only take a **minute**.

Moal
(i) Slow
*Cre'n fa t'ou gimman cho **moal**?*
Why do you drive so **slow**?

(ii) Unwell, run down, weak
*Ta mee red beg **moal** jiu.*
I'm a bit **under the weather** today.

Moddey *m.*
>Moddee

Dog
*Ta'n **moddey** custey shen gounsternee reesht.*
That bloody **dog** is barking again.

Moghey

Early
*Va mee shooyl yn moddey **moghey** sy voghrey.*
I was walking the dog **early** in the morning.

Moghrey *m.*
bore ?

Morning
*Cre'n traa t'ou cliaghtey girree sy **voghrey**?*
What time do you usually get up in the **morning**?

Moir *f.*
>Moiraghyn

Mother
*Va dty **voir** feer aalin tra v'ee aeg.*
Your **mother** was very beautiful when she was young.

Monney

Much [only used negatively and in questions]
*Row **monney** sleih ec dty yiense?*
Were there **many** people at your party?

*Cha row **monney** sleih ayn.*
There weren't **many** people there.

Mooar Mawr

Big, large

*Cha nel eh jeeaghyn **mooar** dy liooar.*

It doesn't look **big** enough.

Mooarane

Much, a lot

*Va **mooarane** skibbyltee boghtey mygeayrt.*

There were **loads** of tourists about.

Mooie

Out [for 'out' with motion see Magh]

*Row uss **mooie** riyr?*

Were you **out** last night?

Mummig *f.*
>Mummigyn

Mum

*Nodmayd goll dys McDonald's, **Vummig**?*

Can we go to McDonald's, **Mum**?

Murran *m.*
>Murranyn

Cold, illness

*Ta **murran** orrym ec y traa t'ayn.*

I've got a **cold** at the moment.

Mwarree *f.*
>Mwarreeyn

Grandma

*Va my **warree** ruggit ayns Sostyn.*

My **gran** was born in England.

My

If

***My** vees eh grianagh mairagh neemayd goll dys yn traie.*

If it's sunny tomorrow we'll go to the beach.

My lomarcan

On my own, alone

*Ren mee goll thie **my lomarcan**.*

I went home on **my own**.

My sailt

Please

*Sheeyn dou yn lioar shen **my sailt**.*

Pass me that book **please**.

Mychione

About, concerning

*Cheayll mee **mychione** shen.*

I heard **about** that.

Mygeayrt

Around

*Ren shin shooyl **mygeayrt** y chashtal dy yeeaghyn er ny rollageyn.*

We walked **around** the castle to look at the stars.

Myr

(i) As, like

*T'eh jeeaghyn **myr** dy vel ad er chur seose.*

It looks **as** though they've given up.

(ii) While

*Honnick mee eh **myr** va mee gimman dy valley.*

I saw it **while** I was driving home.

Shen myr t'eh

That's how it is

***Shen myr t'eh** ayns Mannin.*

That's how it is on the Isle of Man.

Myr shen — So, therefore
***Myr shen** begin dooin geddyn taksee.*
So we had to get a taxi.

Myrneen *m.* >Myrneenyn — Boyfriend / girlfriend / lover
*Nagh vel **myrneen** echey?*
Doesn't he have a **boyfriend**?

Mysh — About
*Er lhiam dy row **mysh** feed dy 'leih ayn ooilley cooidjagh.*
I think there were **about** twenty people there altogether.

*Ren mee ginsh diu **mysh** yn traa va mee ayns Japan?*
Did I tell you **about** the time I was in Japan?

N

Na — Than
*T'eh ny smessey **na** shen.*
It's worse **than** that.

*Share lhiam ushtey-bea **na** vodka.*
I prefer whiskey **to** vodka.

Naboo *m.* >Naboonyn — Neighbour
*Ta nyn **naboonyn** feer feiyral.*
Our **neighbours** are very noisy.

Naight *f.*
>Naightyn

News

*Vel oo er chlashtyn y **naight**?*
Have you heard the **news**?

*Vel **naight** erbee ayd?*
What's **new**?

Pabyr Naight

Newspaper

*Nagh vel **pabyryn naight** ayn jiu?*
Are there no **papers** today?

Naim *m.*
>Naimyn

Uncle

*Ta my **naim** Rupert ny veshtallagh.*
My **uncle** Rupert is a drunk.

Shenn naim

Great uncle

*Va dty **henn naim** ny ghooinney quaagh.*
Your **great uncle** was an odd man.

Nalbin *f.*

Scotland

*Ren mee kionnaghey eh tra va mee ayns **Nalbin** nurree.*
I bought it when I was in **Scotland** last year.

Albinagh

Scottish

*Ren yn saggyrt poosey ben **Albinagh**.*
The priest married a **Scottish** woman.

Gaelg ny hAlbey

Scottish Gaelic

*Begin jee gynsagh **Gaelg ny hAlbey**.*
She had to learn **Scottish Gaelic**.

Nane (jeh) *f.*	One (of) [with feminine noun] *Ta **nane jeh** ny shuyraghyn foast bio.* **One of** the sisters is still alive. *Ta mee laccal y **nane** shen.* I want that **one**.
Naunt *f.* >Nauntyn	Aunt *Ta dty **naunt** feer choar.* Your **aunt** is really sound.
Shenn naunt	Great aunt *Shen yn **çhenn naunt** ayd Maud.* That's your **great aunt** Maud.
Nearey	Shame, embarrassment *Va **nearey** orrym.* I was **embarrassed**.
Neayr's	Since *Cha nel mee er n'akin ee **neayr's** va shin shiaght jeig.* I haven't seen her **since** we were seventeen.
Neesht	As well, also, too *Ta mish er chlashtyn shen **neesht**.* I've heard that **as well**.
Neu-chostal	Cheap, inexpensive *V'eh feer **neu-chostal**.* It was really **cheap**.

Neu-gheyr
Cheap, inexpensive
*Ren mee kionnaghey paart dy eaddagh **neu-gheyr**.*
I bought some **cheap** clothes.

Nherin *f.*
Ireland
*V'eh ruggit ayns **Nherin** agh t'eh cummal ayns Sostyn nish.*
He was born in **Ireland** but he lives in England now.

Yernagh
Irish
*V'ad cloie kiaull **Yernagh** son y chooid smoo.*
They mostly played **Irish** music.

Yernish
Irish [language]
*Vel **Yernish** erbee ayd?*
Do you speak any **Irish**?

Niee
To wash
*Foddee dy lhisin **niee** yn lheiney shoh.*
I should probably **wash** this shirt.

Nish
Now
*Shegin dou goll **nish**.*
I have to go **now**.

Nish as reesht
Now and then, sometimes
*Ta mee goaill taitnys ayn **nish as reesht**.*
I enjoy it **now and then**.

Nish hene
Right now
*Agh c'raad t'ad **nish hene**?*
But where are they **right now**?

Noa	New *Vel red erbee* ***noa*** *ayd?* What's **new**?
Noght	Tonight *C'red t'ou jannoo* ***noght****?* What are you doing **tonight**?
Noi	Against *Cha nel mee* ***noi*** *echey.* I'm not **against** it.
Nurree	Last year *Ren mee meeiteil r'ee* ***nurree****.* I met her last **year**.
Ny	Or *B'vie lhiat tey* ***ny*** *caffee?* Would you like tea **or** coffee?
Ny	The [plural] *Cha nel* ***ny*** *hearrooyn kiart.* **The** numbers aren't right.
Ny cheayrtyn	Sometimes *S'laik lhiam soie ayns shen my lomarcan* ***ny cheayrtyn****.* I like to sit there alone **sometimes**.
Ny shlee (na)	More (than) [in number] *Cha row* ***ny shlee na*** *feed dy 'leih ayn.* There were no **more than** twenty people there.

O

Obbree *m.* — Worker
>Obbreeyn

*Ta ny h**obbreeyn** geddyn drogh ghellal.*
The **workers** are being abused.

Offish *m.* — Office
>Offishyn

*Beeym **anmagh** syn offish noght.*
I'll be in the office **late** tonight.

Oie *f.* — Night
>Oieghyn

*She **oie** feer vie v'ayn.*
It was a really good **night**.

Mean oie — Midnight

*Cur meeiteil dou sy gharey ec **mean oie**.*
Meet me in the garden at **midnight**.

Oie ny vairagh — Tomorrow night

*Heemayd shiu **oie ny vairagh** eisht.*
We'll see you **tomorrow night** then.

Olk — Bad, evil

*Cha nel mee ro **olk**.*
I'm not too **bad**.

Ommidjagh — Stupid, foolish

*Ta mee er n'yannoo red **ommidjagh**.*
I've done something **stupid**.

Ooh *f.*
>Oohyn

Egg

*Va daa **ooh** froit er arran greddan aym son anjeeal.*
I had two fried **eggs** on toast for breakfast.

*Cre whilleen **ooh** t'ou geddyn assdoo?*
How many **eggs** do you get out of them?

Ooilley

All

*T'ad **ooilley** er n'gholl lesh shilley er my huyr.*
They've **all** gone to see my sister.

Ooilley cooidjagh

Altogether

*Yiarrin dy row mysh jeih as feed ayn **ooilley cooidjagh**.*
I'd say there were about thirty there **altogether**.

Oor *f.*
>Ooryn

Hour

*Honnick shin ad mysh **oor** er dy henney.*
We saw them about an **hour** ago.

Oor dy lieh

An hour and a half

*Begin dooin gimman son mysh **oor dy lieh**.*
We had to drive for about an **hour and a half**.

Ooyl *f.* afal
>Ooyllyn

Apple
*Ta mee goll dy yannoo pie lesh ny **hooyllyn** shoh.*
I'm going to make a pie with these **apples**.

P

Paagh

Thirsty
*Cur yn coirrey er, ta mee **paagh** agglagh.*
Put the kettle on, I'm **parched**.

Paarant *m.*
>Paarantyn

Parent
*Ta my **phaarantyn** foast cummal sy thie shen.*
My **parents** still live in that house.

Paart (dy)

Some
*Ta **paart dy** 'leih gra dy vel eh foast bio.*
Some people say he's still alive.

Paart (jeh)

Some (of)
*Er lhiam dy vel **paart jeu** shoh loau.*
I think **some of** these are rotten.

Pabyr *m.* Papur
>Pabyryn papuren.

Paper
*Cre'n **pabyr** t'ou goaill?*
What **paper** do you get?

Pairk *f*
>Pairkyn

Park
*Hie shin dys y **phairk** ec y Vooragh.*
We went to the **park** at the Mooragh.

Pairk ghleashtan

Car park
*Va streeu ayns y **phairk ghleashtan**.*
There was a fight in the **car park**.

Paitçhey *m.*
>Paitçhyn

Child
*Ta my **phaitçhyn** çhing ec yn traa t'ayn.*
The **kids** are sick at the moment.

Parkal

To park
*Ren mee streeu dy gheddyn boayl dy **pharkal**.*
I struggled to find a place to **park**.

Peesh *f.*
>Peeshyn

Pishyn!

Piece
*Ta **peesh** vooar dy halloo goll lesh yn thie.*
There's a big **piece** of land going with the house.

Y pheesh

Each
*T'ad costal queig punt jeig **y pheesh**.*
They cost fifteen pounds **each**.

Peiagh *m.* — Person

*Cha nel agh un **pheiagh** jannoo ad nish.*

Only one **person** makes them now.

Peiagh erbee — Anybody

*Vel **peaigh erbee** laccal jough?*

Does **anyone** want a drink?

Peiagh ennagh — Somebody

*Lhig da **peiagh ennagh** elley jannoo shen.*

Let **someone** else do that.

Dy chooilley pheiagh — Everybody

*Nagh vel **dy chooilley pheiagh** er n'akin shen?*

Hasn't **everyone** seen that?

Peint *m.* Paent
>Peintyn — Paint

*Cha nel mee shickyr bee **peint** dy liooar ain.*

I'm not sure if we'll have enough **paint**.

Peintal — To paint

*Ren shin **peintal** yn giat ec Creneash ry-cheilley.*

We **painted** the gate at Cregneash together.

Pen *m.*
>Penyn — Pen

*Sheeyn dou yn **pen** shen.*

Pass me that **pen**.

Pensyl *m.* pensil
>Pensylyn

Pencil
*Gow shiu magh nyn **bensylyn**.*
Take out your **pencils**.

Pibbyr *m.* Pupur
>Pibbyryn

Pepper
*Er lhiam dy dug mee rour **pibbyr** ayn.*
I think I put too much **pepper** in it.

Ping *f.*
>Pingyn

Penny, pence
*Vel feed **ping** ayd?*
Have you got twenty **pence**?

Pishyr *f.*
>Pishyryn

Pea
*Ugh, ta mee cur feoh da **pishyryn**!*
Ugh, I hate **peas**!

Piyr *f.* pâr
>Piyryn

Pair
*Ren mee kionnaghey daa **phiyr** vraag.*
I bought two **pairs** of shoes.
*Cur dty vyn-oashyryn ayns **piyryn**.*
Put your socks in **pairs**.

Poagey *m.*
>Poagaghyn

Bag
*Vel oo rieau er chloie Quoi t'ayns y **Phoagey**?*
Have you ever played Who's in the **Bag**?

Poddash *f.*

Porridge
*Ta mee goaill **poddash** son anjeeal bunnys dagh laa.*
I have **porridge** for breakfast almost every day.

Poggaid *f.* Poced
>Poggaidyn

Pocket
*Ren my hellvane tuittym magh ass my **phoggaid**.*
My phone fell out of my **pocket**.

Poosey (rish)

To marry
*Cha nel fys aym cre'n fa ren mee **poosey rish**.*
I don't know why I **married him**.

*Cha nel mee shickyr vel ad foast **poost**.*
I'm not sure if they're still **married**.

Possan *m.*
>Possanyn

Group
*Va **possan** dy 'leih aegey nyn soie er y woalley.*
A **group** of teenagers were sat on the wall.

Possan kiaullee

Band
*Row yn **possan kiaullee** mie?*
Was the **band** good?

Post-L *m.*
>Postyn-L

E-mail
*Neeym cur **post-L** hood's ny sanmey.*
I'll send you an **e-mail** later.

Praase *f.*
>Praaseyn

Potatoes
*Nod oo cooney lhiam speeiney ny **praaseyn** shoh?*
Can you help me peel these **potatoes**?

Praaseyn broojit

Mashed potatoes
*S'mie lhiam **praaseyn broojit** as palçhey eeym ayndoo.*
I like **mashed potatoes** with plenty of butter.

Praaseyn broit

Boiled potatoes
*Veagh ad mie lesh kuse dy **phraaseyn broit**.*
They'd be good with some **boiled potatoes**.

Premmee *f.*
>Premmeeyn

Toilet
*Va mee er y **phremmee** yn slane laa.*
I was on the **toilet** the whole day.

Prios *m.* Pris.
>Priosyn

Price
*Cre'n **prios** t'orroo?*
What **price** are they?

Prowal
profi

(i) To try, attempt
*Ta mee **prowal** dy ynsagh Gaelg.*
I'm **trying** to learn Manx.

(ii) To prove
*T'eh **prowal** feer ymmydoil.*
It's **proving** very useful.

Punt

Pound

*T'ad costal queig **punt** jeig y pheesh.*

They cost fifteen **pounds** each.

Pynt
>Pyntyn

Pint

*Ta shin geddyn daa **phynt** dagh laa.*

We get two **pints** every day.

Q

Quaagh

Strange, odd, weird

*Ta shen sheeanal feer **whaagh** dooys.*

That sounds very **odd** to me.

Quoi?

Who?

***Quoi** t'er n'ee my verreen?*

Who has eaten my cake?

*Cha nel fys aym's **quoi** t'er n'ee ee.*

I don't know **who** ate it.

Quoi'n?

Whose?

***Quoi'n** laue ta shen?*

Whose hand is that?

Quoi s'lesh?

Whose?

***Quoi s'lesh** yn cooat jiarg?*

Whose is the red coat?

Quoid?

(i) How much?

***Quoid** t'ad costal?*

How much do they cost?

(ii) How many?

***Quoid** paitçhey t'eu?*

How many kids do you have?

R

Raa *m.*
>Raaghyn

Sentence
*Nod oo jannoo ymmyd jeh ayns **raa**?*
Can you use it in a **sentence**?

Raad *f.*
>Raadjyn

(i) Road
*Ta'n **raad** shoh ayns drogh stayd.*
This **road** is in a poor state.

(ii) Way
*T'ad er y **raad** back nish.*
They're on the **way** back now.

(iii) Where [in statements only]
*T'ad ry-gheddyn **raad** ta'n thalloo fliugh.*
They are found **where** the ground is wet.

Raad erbee

Anywhere
***Raad erbee** dy jed oo, hem's mayrt.*
Anywhere you go, I'll go with you.

Raad y vaaish

Dying
*Ta mee **raad y vaaish**!*
I'm **dying**!

Radio *m.*
>Radioyn

Radio
*Vel oo geaishtagh rish y **radio** monney?*
Do you listen to the **radio** much?

Ram — Many, lots of
*V'ee gra dy row **ram** sleih ayn.*
She was saying there were **a lot** of people there.

Red *m.* >Reddyn — Thing
*C'red t'ou gra rish yn **red** shen?*
What do you call that **thing**?

Red erbee — Anything
*Cha nod ee jannoo **red erbee** ec yn traa t'ayn.*
She can't do **anything** at the moment,

Red ennagh — Something
*Ta **red ennagh** ayns dty 'olt.*
There's **something** in your hair.

Red beg bach — A little bit
*T'eh **red beg** doillee.*
It's **a little bit** difficult.

Reesht — Again
*Ren eh briaght jee'm **reesht** riyr.*
He asked me **again** last night.

Rieau Saskatchewan ?? — (i) Ever [in the past]
*Vel oo **rieau** er n'akin Sasquatch?*
Have you **ever** seen a Sasquatch?

(ii) Never [in the past]
*Cha nel mee **rieau** er n'akin eh.*
I've **never** seen him.

Rio *m.* Rhew

Frost

*Bee **rio** ayn noght, er lhiam.*

There'll be **frost** tonight, I think.

Riojit Rhewi

Frozen

*Ta my chassyn **riojit**!*

My feet are **frozen**!

Rish

To

*Va ny meoiryn shee loayrt **rish** peiagh ennagh.*

The police were talking **to** someone.

Riyr neithiwr

Last night

*Honnick mee eh **riyr** er Slieau Whallian.*

I saw him **last night** on Slieau Whallian.

Arroo y riyr

The night before last

*Va ny meoiryn shee ayns shoh **arroo y riyr**.*

The police were here **the night before last**.

Ro

Too [with adjective]

*T'ee foddey **ro** vooar er my hon's.*

It's far **too** big for me.

*T'eh **ro** voghey son lheid y red shoh.*

It's **too** early for this sort of thing.

Roar bree *m.*
>Roaryn bree

Motorbike

*Caid ta'n **roar bree** shen er ve ayd?*

How long have you had that **bike**?

Roddan *f.*
>Roddanyn

Rat
*Ta mee er n'akin ee cur bee da ny **roddanyn**.*
I've seen her feeding the **longies**.

Roie

Run
*Cre choud's oddys oo **roie** nish?*
How far can you **run** now?

Roih *f.* braich
>Roihaghyn

Arm
*Ta e **roih** chiare brisht ayns daa voayl.*
His left **arm** is broken in two places.

Roish my

Before [with verb]
*Va mee marishyn **roish my** row mee poost.*
I was with him **before** I was married

Roish

Before
*Bare dooin gimmeeaght **roish** lhie ny greiney.*
We'd better leave **before** sunset.

Roshtyn

To arrive, reach
*Cuin neemayd **roshtyn** y thie?*
When will we **reach** the house?

Rour

(i) Too much
*Ta **rour** sollan er ny spollagyn shoh.*
There's **too much** salt on these chips.
(ii) Too many
*Ta **rour** deiney ec yn yiense shoh.*
There are **too many** men at this party.

Rugby

Rugby

*Ren mee cloie **rugby** tra va mee ec yn scoill.*

I played **rugby** when I was at school.

Ry-gheddyn

(i) To be found

*Cha row eh **ry-gheddyn** boayl erbee.*

He was nowhere **to be found**.

(ii) Available

*Vel yn çhamyr foast **ry-gheddyn**?*

Is the room still **available**?

Ry-cheilley

Together

*Va shin taggloo **ry-cheilley** son three ooryn.*

We were talking **together** for three hours.

S

S'cummey (lesh)

To be indifferent

***S'cummey lhiam** vel eh bio ny marroo.*

I don't care whether he's alive or dead.

***S'cummey**.*

Whatever.

S'laik (lesh)

lecio.

To like

S'laik lhiam bine dy yough.

I like a drop of drink.

S'licklee (dy)	Probably, likely ***S'licklee dy** vel eh harrish y cheim nish.* He's **probably** dead by now.
S'mie lesh	To like ***S'mie lhiam** dty vraagyn, Chassia.* **I like** your shoes, Cassia. ***S'mie lesh** my charrey lheid ny reddyn shen.* My friend **likes** that sort of thing.
Saagh *m.* >Siyn	Dish *Niee ny **siyn** shen roish my jed oo magh!* Wash those **dishes** before you go out!
Salad *m.* >Saladyn	Salad *Ta ny **saladyn** feer vie sy voayl shen.* The **salads** are very good in that place.
Scanshoil	Important *Cha nel eh cho **scanshoil** shen.* It's not that **important**.

Scoill *f.* >Scoillyn	School *Cre'n fa nagh vel oo ec yn **scoill**?* Why aren't you at **school**? *Hie mee dys **scoill** Rushen.* I went to Rushen **school**.
Bunscoill	Primary school *Cre'n **vunscoill** t'ad goll huic?* Which **primary school** do they go to?
Ard-scoill	High school *Ta'n mac shinney oc ec **ard-scoill** nish.* Their oldest son is at **high school** now.
Olloo-scoill	University *Vel eh çheet lhiat ec yn **olloo-scoill**?* Are you doing OK at **university**?
Screeu	To write *Quoi ren **screeu** shoh?* Who **wrote** this?
Screeuyn *m.* >Screeunyn	Letter *Ren mee cur **screeuyn** huic agh cha nel mee er n'gheddyn freggyrt foast.* I sent her a **letter** but I haven't had a reply yet.
Scrutaght *f.* >Scrutaghtyn	Exam, inspection *Cuin vees ny **scrutaghtyn** ayd harrish?* When will your **exams** be over?

Scughey

To move, shift

*Ren shin **scughey** dys Doolish mysh jeih bleeaney er dy henney.*

We **moved** to Douglas about ten years ago.

***Scugh** yn boayrd shen ass y raad.*

Shift that table out the way.

Scuirr (dy)

To stop

*Ren eh **scuirr dy** loayrt rhym er oyr ennagh.*

He **stopped** talking to me for some reason.

Shaghey

Past

*Ta'n ghleashtan shen er n'imman **shaghey** daa cheayrt nish.*

That car has driven **past** twice now.

Shamraig *f.*
>Shamraigyn

Camera

*Hooar mee yn **çhamraig** shoh ayns Lerphoyl.*

I got this **camera** in Liverpool.

Shamyr *f.* >Shamyryn	Room *Cre'n **çhamyr** t'ou uss cadley aynjee?* Which **room** do you sleep in?
Shamyr hoie	Living room *Cha nel reamys dy liooar er e hon sy **çhamyr hoie**.* There's not enough space for it in the **living room**.
Shamyr oonlee	Bathroom *Cha jinnin goll stiagh sy **çhamyr oonlee** son tammylt.* I wouldn't go in the **bathroom** for a while.
Shamyr aarlee	Kitchen *Ta **shamyr aarlee** noa ec ny Quayleyn.* The Quayles have got a new **kitchen**.
Shamyr lhiabbagh	Bedroom *T'ad ceau yn chooid smoo jeh nyn draa sy **çhamyr lhiabbagh**.* They spend most of their time in the **bedroom**.
Shaner *m.* >Shaneryn	Grandad *Va my **haner** ny eeasteyr.* My **grandfather** was a fisherman.

Shapp *f.*
>Shappyn

Shop
*Cre'n **çhapp** hooar oo ad shen aynjee?*
What **shop** did you get those in?

Shapp lioar

Bookshop
*Cuin ren yn **çhapp lioar** shen foasley?*
When did that **bookshop** open?

Shapp spollag

Chip shop
*Jeanmayd goll dys y **çhapp spollag** noght?*
Shall we go to the **chip shop** tonight?

Shappal

To shop
*T'ad goll **shappal** ayns Lerphoyl ny cheayrtyn.*
They sometimes go **shopping** in Liverpool.

Share

Best, favourite
*T'ad jannoo ny spollagyn **share** ayns Mannin.*
They make the **best** chips on the Island.

Ny share (na)

Better (than)
*T'eh **ny share na** v'eh.*
It's **better than** it was.

Share lesh

To prefer, favourite
***Share lhiam** He-Man ny She-Ra.*
I prefer He-Man to She-Ra.

Shassoo	To stand *Va mee my* ***hassoo*** *çheu mooie jeh'n çhapp.* I was **stood** outside the shop. ***Shass*** *seose!* **Stand** up!
She	Is [when defining something] ***She*** *guilley t'ayn!* **It's** a boy!
Cha nee	Is not ***Cha nee*** *bleb mee.* I**'m not** an idiot.
Nee?	Is? ***Nee*** *ushag t'ayn?* **Is** it a bird?
Nagh nee?	Isn't? ***Nagh nee*** *marran t'ayn?* **Isn't** it a mistake?
She dty vea	You're welcome ***She dty vea****, ghooinney.* **You're welcome**, man.

Sheear	West *T'eh er çheu **heear** yn ellan.* It's on the **west** side of the island.
Y neear	The west *Cuin vees oo scughey dys **y neear**?* When are you moving to **the west**?
Lesh y neear	To the west, westward *Ren mee jeeaghyn **lesh y neear**.* I looked **to the west**.
Veih'n neear	From the west *Ta'n gheay çheet **veih'n neear**.* The wind is coming **from the west**.
Shegin da	To have to ***Shegin dooin** jannoo eh mairagh.* **We'll have to** do it tomorrow.
Nhegin da?	Have to? ***Nhegin dhyt** lostey ad ooilley?* **Do you have to** burn them all?
Cha nhegin da	Must not ***Cha nhegin dhyt** jannoo shen.* **You mustn't** do that.
Sheiltyn	To suppose, imagine *Ta mee **sheiltyn** nagh vel reih ayd.* I **suppose** you don't have a choice.
Shen y fa	That's why ***Shen y fa** ren ee faagail oo.* **That's why** she left you.

Shenn (hen)
Old
*Cre'n ennym v'er y **çhenn** ven?*
What was the **old** woman called?

Shinney (hynaf)
Oldest
*Ta e vac **shinney** syn armee.*
His **oldest** son is in the army.

Ny shinney (na) (hynach)
Older (than)
*Er lhiam dy vel ish daa vlein **ny shinney na** mish.*
I think she's two years **older than** me.

Sheshey *m.*
>Sheshaghyn
Partner, companion
*Ta mee cummal marish my **heshey**.*
I live with my **partner**.

Shiaghtin *f.*
>Shiaghtinyn
Week
*T'eh er ve ayns Sostyn son three **shiaghtinyn**.*
He's been in England for three **weeks**.

Jerrey shiaghtin
Weekend
*Beemayd ersooyl yn **jerrey shiaghtin** shoh.*
We'll be away this **weekend**.

Yn çhiaghtin shoh
This week
*Cha nel mee er n'yannoo monney **yn çhiaghtin shoh**.*
I haven't done much **this week**.

Yn çhiaghtin shoh chaie
Last week
*Va shin ayns Bermuda **yn çhiaghtin shoh chaie**.*
We were in Bermuda **last week**.

Shiar — East

T'eh shassoo ayns Doolish ***Hiar****.*

He's standing in Douglas **East**.

Y niar — The east

T'ad cummal ayns ***y niar*** *boayl ennagh.*

They live in **the east** somewhere.

Lesh y niar — To the east, eastward

Jeeaghyn ***lesh y niar*** *foddee oo fakin Sostyn.*

Looking **eastward** you can see England.

Veih'n niar. — From the east

Haink ny deiney creeney ***veih'n niar****.*

The wise men came **from the east**.

Shione da — To know

Shione dou *eshyn.*

I know him.

Nhione da? — Know?

Nhione dhyt *my vraar?*

Do you know my brother?

Cha nhione da — Don't know

Cha nhione dou *eh.*

I don't know him.

Nagh nhione da? — Don't know?

Nagh nhione da *dty yishig eh?*

Doesn't your dad **know** him?

Shocklaid *m.* — Chocolate

Cha laik lhiam ***shocklaid*** *doo.*

I don't like dark **chocolate**.

Sisclad

Shoh

(i) This

*Ta'n thie **shoh** lane dy ghoo-oalleeyn.*

This house is full of spiders.

(ii) Here is

***Shoh** dhyt y feed punt ta mee lhiastyn dhyt.*

Here's the twenty pounds I owe you.

Ad shoh

These

*T'**ad shoh** red beg feayr.*

These are a bit cold.

Shooyl

To walk

*T'ee **shooyl** y moddey ec y traa t'ayn.*

She's **walking** the dog at the moment.

Shugyr Siwgwr

Sugar

*Vel oo goaill **shugyr** ayns dty hey?*

Do you have **sugar** in your tea?

Shuilgey

To nibble

*Neeym jus **shuilgey** yn fer ayd's.*

I'll just **nibble** your one.

Shuyr *f.* chwaer
>Shuyraghyn

Sister

*Vel dty **huyr** foast peintal?*

Does your **sister** still paint?

Shuyr sy leigh

Sister in law

*Cha noddym jannoo lesh my **huyr sy leigh**.*

I can't be doing with my **sister in law**.

Shynney lesh	To love ***Shynney lhiam** Slayer!* **I love** Slayer!
Skeaban *f.* >Skeabanyn	Brush *Yarrood oo dty **skeaban** sy çhamyr oonlee.* You left your **brush** in the bathroom.
Skeab feeackle	Toothbrush *Ren my **skeab feeackle** tuittym sy phremmee.* My **toothbrush** fell in the toilet.
Skeaban folt	Hairbrush *Quoid **skeaban folt** t'ou feme?* How many **hairbrushes** do you need?
Skee	Tired *Cha s'aym's cre'n fa ta mee cho **skee**.* I don't know why I'm so **tired**.
Skeeal *m.* >Skeeallyn	Story *Ren eh ginsh **skeeal** dooin mychione y traa v'eh gobbragh ayns Japan.* He told us a **story** about the time he worked in Japan. *S'girrey yn jough na'n **skeeal**.* The drink is shorter than the **tale.** [i.e. time for another round]

Skimmee *m.*
>Skimmeeyn

Team, crew

*Cha row agh queig dy 'leih er yn **skimmee**.*

There were only five people on the **crew**.

Skynn *f.*
>Skynnyn

Knife

*Ny jean shliee dty **skynn**.*

Don't lick your **knife**.

Slaynt *f.*

Health

*V'ee ayns **slaynt** vie roish my jagh ee ersooyl.*

She was in good **health** before she went away.

Slayntoil

Healthy, wholesome

*Cha nel eh jeeaghyn feer **slayntoil**.*

He doesn't look very **healthy**.

Sleih *m.*

People

*Va ram **sleih** ayn.*

There were loads of **people** there.

Sleih aegey

Young people

*Cha nel mee toiggal **sleih aegey** ny laghyn shoh.*

I don't understand **young people** these days.

Slieau *m.*
>Sleityn

Mountain, hill

*Cre'n ennym t'er y **clieau** mooar shen?*

What's that big **hill** called?

Selatyn?

Slissag *f.*
>Slissagyn
sleisan

Slice
*Giare dou **slissag** elley, voir.*
Cut me another **slice**, mother.

Sloo

Smallest, least
*T'eshyn yn guilley **sloo** sy vlein echey.*
He's the **smallest** boy in his year.

Ny sloo (na)

Less, smaller (than)
*Va **ny sloo na** jeih dy 'leih ayn.*
There were **less than** ten people there.

Smoo

Biggest, greatest
*She yn thie-tashtee felt **smoo** sy theihll t'ayn.*
It's the **biggest** felt museum in the world.

Smooinaght *f.*
>Smooinaghtyn

Idea, thought
***Smooinaght** vie, whooinney!*
Good **idea**, man!

Smooinaghtyn (er)

To think (about)
*Ta mee **smooinaghtyn er** goll ersooyl son y tourey.*
I'm **thinking about** going away for the summer.

***Smooinee** mee dy ren ad lhieggal ny thieyn shen.*
I **thought** they knocked those houses down.

Smookal	To smoke *Ren mee cur seose **smookal** mysh jeih bleeaney er dy henney.* I gave up **smoking** about ten years ago.
Snaue	To swim, crawl *Ren shin **snaue** ayns y cheayn dagh laa.* We **swam** in the sea every day. *Va scorpion **snaue** seose my lurgey.* A scorpion was **crawling** up my leg.
Sniaghtey *m.*	Snow *Va'n gleashtan coodit lesh **sniaghtey** moghrey jiu.* The car was covered with **snow** this morning.
Soie	To sit *Ren shin **soie** sheese er y laare.* We **sat** down on the floor.
Soilsheen *m.* >Soilsheenyn	Advert *Cha noddym jannoo lesh ny **soilsheenyn** shoh!* I can't be doing with these **adverts**!
Sollan *m.*	Salt *T'eh feme red beg dy **hollan**.* It needs a bit of **salt**.

Sollanagh — Salty

*Ta'n yskid shoh feer **sollanagh**.*

This ham is very **salty**.

Son — For

*Vel oo tannaghtyn **son** y chiaull?*

Are you staying **for** the music?

Soo — Juice

*Noddym geddyn kishtey dy **hoo** oranje?*

Can I get a carton of orange **juice**?

Sooill *f.* >Sooillyn — Eye

*Ta'n **tooill** yesh aym red beg moal.*

My right **eye** is a bit poor.

Sorçh *m.* — Sort

*Cre'n **sorçh** tey t'ou laccal?*

What **sort** of tea do you want?

Sostyn *f.* — England

*Begin dooin goll trooid **Sostyn**.*

We had to go via **England**.

Sostynagh — English person

*She **Sostynagh** ee, er lhiam.*

She's **English**, I think.

Sourey *m.* >Souraghyn — Summer

*Nee yn **sourey** çheet.*

The **summer** will come.

Spein *f.* >Speinaghyn	Spoon *Cre'n **spein** lhisin jannoo ymmyd j'ee?* Which **spoon** should I use?
Spollag *f.* >Spollagyn	Chip *Jeanmayd geddyn **spollagyn**?* Shall we get **chips**?
Spoyrt *m.* >Spoyrtyn	Sport, fun *Cha row monney **spoyrt** ayn.* There wasn't much **fun** in it. *Cha nel mee lhaih ny duillagyn **spoyrt**.* I don't read the **sports** pages.
Stashoon *m.* >Stashoonyn	Station *Cre ta'n nah **stashoon**?* What's the next **station**?
Stashoon barroose	Bus station *Fuirree orrym sy **stashoon barroose**.* Wait for me in the **bus station**.
Stashoon meoiryn shee	Police station *T'ad er ghooney yn **stashoon meoiryn shee** sy valley.* They've closed the **police station** in town.
Stashoon pedryl	Petrol station *C'raad ta'n **stashoon pedryl** sniessey?* Where's the nearest **petrol station**?
Sthie	In, at home *Vel Aelfrith **sthie**?* Is Aelfrith **home**?

Stiagh

In [with motion]

*Honnick mee ad goll **stiagh**.*

I saw them going **in**.

Stiagh ayns

Into

*Ren eh shooyl **stiagh ayns** y cheayn.*

He walked **into** the sea.

Straid *f.*
>Straidjyn

Street

*Er lhiam dy ren ad scughey dys **Straid** Athol.*

I think they moved to Athol **Street**.

*Ren mee meeiteil r'ee sy **'traid**.*

I met her in the **street**.

Streeu

To struggle

*Ren mee **streeu** dy gheddyn eh jeant ayns traa.*

I **struggled** to get it done in time.

Stroin *f.*
>Strointeeyn

Nose

*Ta my **hroin** sheeley as my scoarnagh çhirrym.*

My **nose** is running and my throat is dry.

Strulley

To rinse

*Bare dhyt **strulley** shen hoshiaght.*

You'd better **rinse** that first.

***Strull** ad dy mie.*

Rinse them well.

Sy	In the *Ta mee freayll ad **sy** chubbyrt.* I keep them **in the** cupboard.
Syn	In the [before vowels] *Hie shin shooyl **syn** 'astyr.* We went walking **in the** afternoon.
Sym (ec + er)	To be interested in *Cha nel monney **sym aym er**.* I'm not that **interested in it**.
Symoil	Interesting *Va loayrtys **symoil** dy liooar ayn.* It was a fairly **interesting** talk.

T

Taaue	Retired *T'eh ny **haaue** nish.* He's **retired** now. *T'ee ny **taaue**.* She's **retired**.
Tackeyder *m.* >Tackeyderyn	Landlord *Ta'n **tackeyder** cummal ayns Sostyn.* The **landlord** lives in England.

Taghyrt	To happen *Ren shoh **taghyrt** mysh feed blein er dy henney.* This **happened** about twenty years ago. *Cre **haghyr**?* What **happened**?
Taitnyssagh	Fun, pleasant *Va laa feer **taitnyssagh** ain.* We had a **lovely** day.
Taksee *m.* >Takseeyn	Taxi *Quoid ta **taksee** dys yn phurt aer costal?* How much is a **taxi** to the airport?
Tammylt *m.*	A while *Ta mee er ve gynsagh Gaelg rish **tammylt** beg.* I've been learning Manx for a little **while**.
Tannaghtyn	To stay *C'raad vees shiu **tannaghtyn**?* Where will you be **staying**?
Tannys *m.* >Tannyssyn	Tenant *Ren ny **tannyssyn** s'jerree jannoo brock jeh'n voayl.* The previous **tenants** made a mess of the place.

Tappee	Quick, fast *Va shen **tappee**!* That was **quick**!
Dy tappee	Quickly *T'eh lheie **dy tappee**.* It's melting **quickly**.
Tarroogh	Busy *Ta mee ro **harroogh** ec yn traa t'ayn.* I'm too **busy** at the moment.
Teks *m.* >Teksyn	Text *Neeym cur **teks** hood.* I'll send you a **text**.
Tey *m.* >Teyn	Tea *Bare lhiat **tey** cadjin ny **tey** glass?* Would you prefer normal **tea** or green **tea**?
Thanvaneagh	Amazing, astonishing *Ta'n pheesh shen **thanvaneagh**.* That piece is **astonishing**.
Thie *m.* >Thieyn	House, home *Lhisagh shin v'er chionnaghey yn **thie** shen tra va caa ain.* We should have bought that **house** when we had a chance.
Thie-fillym *m.* >Thieyn-fillym	Cinema *Cre'n **thie-fillym** hie shiu huggey?* Which **cinema** did you go to?

Thie-lheihys *m.*
>Thieyn-lheihys

Hospital
*T'ad laccal eh dy hannaghtyn sy **thie-lheihys** son paart dy laghyn.*
They want him to stay in the **hospital** for a few days.

Thie-lhionney *m.*
>Thieyn-lhionney

Pub
*Cre ny **thieyn-lhionney** hie shiu huc riyr?*
What **pubs** did you go to last night?

Thie-oast *m.*
>Thieyn-oast

Hotel, pub
*Cre'n **thie-oast** ren shiu tannaghtyn ayn?*
Which **hotel** did you stay in?

Thie-tashtee *m.*
>Thieyn-tashtee

Museum
*Hug shin shilley er yn **thie-tashtee**.*
We visited the **museum**.

Thie-veg *m.*

Toilet
*T'ad foast sy **thie-veg**.*
They're still in the **toilets**.

Tiggad *m.* ticad
>Tiggadyn

Ticket
*Vel oo er chionnaghey **tiggad** foast?*
Have you bought a **ticket** yet?

Toiggal

To understand
*Vel oo **toiggal** ny ta mee gra?*
Do you **understand** what I'm saying?
*Cha nel mee **toiggal** shen.*
I don't **understand** that.

Tooilley	More, additional *B'vie lhiat **tooilley** tey?* Would you like some **more** tea?
Toshtal	Left [side] *Ta'n thie ain ec kione y raad er y laue **hoshtal**.* Our house is at the end of the road on the **left** hand side.
Tra	When [in statements only] *Ren shin garraghey dys Mannin **tra** va mee shey jeig.* We moved to the Island **when** I was sixteen.
Traa *m.* >Traaghyn	Time *Cre'n **traa** t'eh?* What **time** is it? ***Traa** dy gholl dy valley.* **Time** to go home.
Ayns traa	In time *Cha bee eh aarloo **ayns traa**.* It won't be ready **in time**.
Traen *m.* >Traenyn	Train *Vel shiu goll er yn **traen**?* Are you going on the **train**?
Trimshagh	Sad *Ta'n slane chooish feer **trimshagh**.* The whole thing is very **sad**.

Troailt	To travel *Neemayd **troailt** veih shen jeeragh dys Moscow.* We're **travelling** from there straight to Moscow.
Troggal	(i) To build *Ren shin **troggal** bwaane noa sy gharey.* We **built** a new shed in the garden. (ii) To raise, bring up *Dooyrt ee dy row ee **troggit** liorish e naunt.* She said that she was **brought up** by her aunt. (iii) To lift *Cha noddym **troggal** eh my lomarcan.* I can't **lift** it on my own.
Troggal *m.* >Troggalyn	Building *Caid ta'n **troggal** shen er ve ayn?* How long has that **building** been there?
Troggeyder *m.* >Troggeyderyn	Builder *Ta my yishig ny **hroggeyder**.* My dad's a **builder**.
Troiddey	To bicker, fight *Cre'n fa ta shiu **troiddey**?* Why are you **bickering**?

Trooid — Through
*Ren shin gimman **trooid** yn 'aasagh.*
We drove **through** the desert.

Trooid taghyrt — Accidentally
*Ren mee lhieggal eh **trooid taghyrt**.*
I knocked it over **accidentally**.

Trustyr *f.* — Rubbish, refuse
*Cre ta ooilley'n **trustyr** shoh er y laare?*
What's all this **rubbish** doing on the floor?

Tubbyr oonlee *f.*
>Tubbyryn oonlee — Bath
*Traa son y **tubbyr oonlee**.*
Time for a **bath**.

Tuittym — To fall
*Ren yn çhellveeish **tuittym** jeh'n woalley.*
The telly **fell** off the wall.

Turrys *f.*
>Turryssyn — Trip, journey
*B'vie lhiat goll er **turrys** beg?*
Would you like to go on a little **trip**?

Twoaie — North
*T'eh ny s'grianee er y **Twoaie**.*
It's sunnier in the **North**.

Bee er dty hwoaie — Watch out, take care
***Bee shiu er nyn dwoaie** noght.*
Be careful tonight.

U

Uinnag *f.* >Uinnagyn	Window *Va mee jeeaghyn magh er yn **uinnag**.* I was looking out the **window**.
Ushtey *m.* >Ushtaghyn	Water *Ta mee jus laccal **ushtey**.* I just want **water**.

V

Veg	(i) Nothing, anything *Cha nel ny troggeyderyn er n'yannoo **veg** foast.* The builders haven't done **anything** yet. (ii) Any *Cha jean oo geddyn **veg** y chooney voishyn.* You won't get **any** help from him.
Veih, voish	From *Ren ee shooyl **voish** Doolish dys Purt ny hInshey.* She walked **from** Douglas to Peel. *Cre **veih** t'ou?* Where are you **from**?

Y

Y, Yn
The [singular]
*Vel **yn** çhamyr aarloo?*
Is **the** room ready?

Y 'Rank *f.*
France
*Cre'n ard jeh'n **'Rank** hie shiu huggey?*
What part of **France** did you go to?

Y Chaisht *f.*
Easter
*Vel oo cooinaghtyn er **Caisht** y 'niaghtey mooar?*
Do you remember the **Easter** of the big snow?

Y Nah
(i) The next
*She y **nah** hie t'ou laccal.*
It's the **next** house you want.

(ii) The second
*Er y **nah** laa jeh'n vee.*
On the **second** day of the month.

Y Nollick *f.*
Nadolig
Christmas
*C'red hooar oo son **y Nollick**?*
What did you get for **Christmas**?

Y Spaainey *f.*
Spain
*Er lhiam dy vel ad cummal s**y Spaainey** nish.*
I think they live in **Spain** now.

Yindys *m.*
>Yndyssyn

Wonder, surprise
*Va **yindys** orrym tra cheayll mee shen.*
I was **amazed** when I heard that.

Yindyssagh

Wonderful, amazing
*Va'n kiaull **yindyssagh** riyr.*
The music was **amazing** last night.

Ymmodee

Many
*T'ad er n'yannoo eh leighoil hannah ayns **ymmodee** çheeraghyn.*
They've already made it legal in **many** countries.

Ymmydoil

Useful
*Ta mee hene coontey ad feer **ymmydoil**.*
I find them very **useful**.

Ymmyrçhagh

Necessary
*Vel shoh lane **ymmyrçhagh**?*
Is this completely **necessary**?

Yn vuc ghoo (er)

Depression
*Er lhiam dy row **yn vuc ghoo** orrym ec yn traa.*
I think I was **depressed** at the time.

Ynnyd *m.*
>Ynnydyn

Centre, place

*Quoi nee goaill yn **ynnyd** echey?*

Who will take his **place**?

Ynnyd garey

Garden centre

*Oddagh shin stravaigey mygeayrt yn **ynnyd garey**.*

We could wander around the garden **centre**.

Ayns ynnyd (jeh)

Instead, in place (of)

*Foddee oo jannoo ymmyd jeh ooill **ayns ynnyd jeh** eeym.*

You can use oil **instead of** butter.

Ynseydagh *m.*
>Ynseydee

Learner

*Cha nee agh **ynseydagh** mee.*

I'm only a **learner**.

Yskid *f.*
>Yskidyn

Ham

*Ta mollaght er yn **yskid** shoh, Ghabriella.*

There is a curse upon this **ham**, Gabriella.

Appendix A Irregular Verbs

Manx has only a handful of irregular verbs but they are probably the most common verbs in use. They are called irregular because the forms they take often bear little resemblance to one another. We say *Ta mee goll* 'I am going' in the present tense but *Hie mee* 'I went' in the past, and *Hem* 'I will go' in the future. This contrasts with the regular verbs whose forms, for the most part, follow a predictable pattern.

Some forms of irregular verbs are seldom encountered so learning them all is not essential, though others are quite common. There always remains the option of using *jannoo* to form the tenses of all verbs: *ren ad çheet* instead of *haink ad*, or *cha jeanmayd fakin* instead of *cha vaikmayd.*

Independent and Dependent

An unusual feature of the Manx verbal system is the contrast between **independent** and **dependent** verb forms. The verb can take one or other form depending on its position in a sentence. For example, in the past tense the two forms of *goll* are *hie* (independent) and *jagh* (dependent).

Verbs take the **independent** form:

- in affirmative statements

  ***Hie** eh ersooyl.*
  He **went** away.

- after question words, *c'raad*, *quoi*, etc. (except forsome future verbs, see **relative future** below)

Quoi **hie** ersooyl?
Who **went** away?

- after *my* 'if' (except for some future verbs, see **relative future** below)

  My **hie** eh ny lomarcan.
  If he **went** alone.

The **dependent** verb form is used:

- in questions that don't use a question word.

  ***Jagh** oo er y vaatey?*
  Did you **go** on the boat?

- after *cha*, *nagh*, *dy Cha*

  ***jagh** ee marish.*
  She **didn't go** with him.

Relative future

Some verbs have a special form which is used in certain restricted circumstances in the future tense only. While all regular verbs have relative future forms only a few irregular verbs have them. If no relative future forms are given for a verb here, then they do not exist or are not in common use.

The relative future form is used in the future tense:

- after question words

  *Quoi **vees** ec y yiense?*
  Who **will be** at the party?

- after *my* 'if'

  *My **vees** eh grianagh.*
  If it **will be** sunny.

- as the main verb in a relative clause.

  *Shen yn dooinney **vees** gobbragh dooin.*
  That's the man who **will be** working for us.

Future tense

In future verbs the ending *-ym* or *-m* is used for 'I'

*Hee**ym** oo mairagh.*
I will see you tomorrow.

The ending *-mayd* is used for 'we'

*Hem**mayd** magh ny sanmey.*
We will go out later.

All other persons use the normal pronoun.

*Jig **shiu** dys giense Yuan?*
Will **you** come Juan's party?

Conditional

In conditional verbs the form ending in *-in* or *-ign* is used for 'I'.

*Yinn**in** loayrt rish mannagh be**ign** cho faitagh.*
I would talk to him if **I** weren't so shy.

The form ending in *-agh* is used for everyone else, followed by the normal pronoun.

*Yinn**agh eh** marroo mee.*
He would kill me.

Ve **To be**

Imperative

Independent Bee	*Bee dty host!* Be quiet!
Dependent Ny bee	*Ny bee aggle ort.* Don’t be afraid.

Past

Independent Va	*Va ny kiyt peeaghernee sy lhoan.* The cats were yowling in the lane.
Dependent Row	*Nagh row ad er chur jerrey er?* Hadn’t they finished it?

Future

Independent Bee, beeym, beemayd	*Beemayd anmagh reesht.* We’ll be late again.
Dependent Bee, beeym, beemayd	*Cha bee ny studeyryn boirit.* The students won’t be bothered.
Relative Vees, veeym, veesmayd	*Cuin vees shiu back?* When will you be back?

Conditional

Independent Veagh, veign	*Veagh shen agglagh.* That would be terrible.
Dependent Beagh, beign	*Dy beign my ghooinney berçhagh...* If I were a rich man...

Goaill To take

	Imperative
Independent Gow	*Gow dty laueyn ass dty phoggadyn!* Take your hands out of your pockets!
Dependent Ny gow	*Ny gow toshiaght m'egooish!* Don't start without me!
	Past
Independent Ghow	*Ghow mee my voddey dys obbyr.* I took my dog to work.
Dependent Ghow	*Cha ghow ad red erbee scanshoil* They didn't take anything important.
	Future
Independent Gowee, goym, gowmayd	*Gowmayd toshiaght mairagh.* We'll start tomorrow.
Dependent Gow, goym, gowmayd	*Er lhiam dy goym yn fer shoh.* I think I'll take this one.
Relative Ghoys, ghoym, ghoysmayd	*My ghoys oo yn fer mooar...* If you take the big one...
	Conditional
Independent Ghoghe, ghoin	*Ghoin ad ooilley dy beagh reamys aym.* I'd take them all if I had room.
Dependent Goghe, goin	*Cha goghe ad arrane ansherbee.* They wouldn't sing anyway.

Jannoo **To make, do**

Imperative

Independent Jean	*Jean dty chooid share.* Do your best.
Dependent Ny jean	*Ny jean eh ro vooar.* Don't make it too big.

Past

Independent Ren	*Ren mee berreen son e laa ruggyree.* I made a cake for his birthday.
Dependent Ren	*Nagh ren oo cloie sy phossan shen?* Didn't you play in that band?

Future

Independent Nee, neeym, neemayd	*Neeym eh ny s'anmey.* I'll do it later.
Dependent Jean, jeanym, jeanmayd	*Foddee dy jean ny sidooryn feddyn shin.* Maybe the soldiers will find us.

Conditional

Independent Yinnagh, yinnin	*Yinnin giarrey ad ayns peeshyn beggey.* I'd cut them into little pieces.
Dependent Jinnagh, jinnin	*Cha jinnagh ee bentyn rish.* She wouldn't touch it.

Çheet To come

Imperative

Independent Tar	*Tar shiu traa erbee sailliu.* Come whenever you please.
Dependent Ny tar	*Ny tar ro leah myr ta.* Don't come too early though.

Past

Independent Haink	*Haink shin ro anmagh dy 'akin red erbee.* We came too late to see anything.
Dependent Daink	*Daink oo ayns y ghleashtan?* Did you come in the car?

Future

Independent Hig, higym, higmayd	*Higmayd mysh hoght eisht.* We'll come about eight then.
Dependent Jig, jigym, jigmayd	*Ta mee shickyr dy jig eh back laa ennagh.* I'm sure that he'll come back some day.

Conditional

Independent Harragh, harrin	*Harrin mannagh beign cho tarroogh.* I'd come if I weren't so busy.
Dependent Darragh, darrin	*Darragh oo er yn etlan?* Would you go on the plane?

Goll To go

Imperative

Independent Gow	*Gow dty lomarcan my sailt.* Go on your own if you like.
Dependent Ny gow	*Ny gow stiagh sy cheyll dty lomarcan.* Don't go into the woods alone.

Past

Independent Hie	*Hie mee shaghey er y raad dys shoh.* I went past it on the way here.
Dependent Jagh	*Nagh jagh ad ny s'leaie na shen?* Didn't they go earlier than that?

Future

Independent Hed, hem, hemmayd	*C'raad hed shiu noght?* Where will you go tonight?
Dependent Jed, jem, jemmayd	*Jemmayd dys y thie lhionney?* Shall we go to the pub?

Conditional

Independent Ragh, raghin	*Raghin er yn traen mannagh beagh eh cho costal.* I'd go on the train if it weren't so expensive.
Dependent Ragh, raghin	*Cha ragh ad m'egooish.* They wouldn't go without me.

Cur To put, give, send

Imperative

Independent Cur	*Cur lhiat dty vootsyn shooyl.* Bring your walking boots.
Dependent Ny cur	*Ny cur aggle er ny eaastyn.* Don't frighten the fish.

Past

Independent Hug	*Hug mee teks huic.* I sent her a text.
Dependent Dug	*Cha dug mee graih dy liooar jee.* I didn't love her enough.

Future

Independent Ver, verym, vermayd	*Verym ad sy phost mairagh.* I'll put them in the post tomorrow.
Dependent Der, derym, dermayd	*Foddee dy dermayd shilley urree sy thie lheihys.* Maybe we'll visit her in the hospital.
Relative Verrys, verym, verrysmayd	*My verrys ad kied dooin...* If they give us permission...

Conditional

Independent Verragh, verrin	*Verrin oo fo'n thalloo, lah.* I'd put you in the ground, mate.
Dependent Derragh, derrin	*Nagh derragh eh aggle ort?* Wouldn't it frighten you?

Geddyn, feddyn **To get, find**

Imperative

Independent Fow	*Fow magh quoi marish t'ee.* Find out who she's with.
Dependent Ny fow	*Ny fow baase nish!* Don't die now!

Past

Independent Hooar	*Hooar mee teks voee.* I got a text from her.
Dependent Dooar	*Dooar oo my heks?* Did you get my text?

Future

Independent Yiow, yioym, yiowmayd	*Yioym magh vel eh laccal cooney erbee.* I'll find out if he wants any help.
Dependent Vow, voym, vowmayd	*Cha vow eh rey roo.* He won't get rid of them.

Conditional

Independent Yioghe, yoin	*Quoi yioghe shin ayns shoh?* Who would find us here?
Dependent Voghe, voin	*Er lhiam dy voin baase!* I think I would die!

Gra To say

	Imperative
Independent Abbyr	*Abbyr shen reesht, my sailt.* Say that again, please.
Dependent Ny abbyr	*Ny abbyr un 'ockle.* Don't mention it.
	Past
Independent Dooyrt	*Dooyrt ee dy begin jee goll.* She said she had to go.
Dependent Dooyrt	*Er lhiam dy dooyrt Buddha shen.* I think Buddha said that.
	Future
Independent Jir, jirym, jirmayd	*Jirmayd dy row shin sy thie lhionney.* We'll say that we were in the pub.
Dependent Jir, jirym, jirmayd	*Foddee dy jirym shen rish.* I might say that to him.
Relative Jirrys, jirym, jirysmayd	*My jirrys oo red erbee mychione shoh.* If you say anything about this.
	Conditional
Independent Yiarragh, yiarrin	*Yiarrin dy vel eh mysh jeih as feed.* I'd say he's about thirty.
Dependent Niarragh, niarrin	*Cha niarrin shen.* I wouldn't say that.

Fakin To see

Imperative

Independent Jeeagh	*Jeeagh er ooilley ny rollageyn.* Look at all the stars.
Dependent Ny jeeagh	*Ny jeeagh orrym!* Don't look at me!

Past

Independent Honnick	*Honnick shin dty cho-chaslys sy phabyr naight.* We saw your picture in the paper.
Dependent Vaik	*Vaik oo Rick ec y yiense?* Did you see Rick at the party?

Future

Independent Hee, heeym, heemayd	*Heemayd cre haghyrys.* We'll see what happens.
Dependent Vaik, vaikym, vaikmayd	*S'licklee nagh vaikmayd eh arragh.* We probably won't see him again.

Conditional

Independent Heeagh, heein	*Eisht heeagh sleih e ghooghys firrinagh.* Then people would see his true nature.
Dependent vaikagh, vaikin	*Cha vaikagh shin red erbee ansherbee.* We wouldn't see anything anyway.

Clashtyn To hear

	Imperative
Independent Clasht	*Clasht rhym, O Hiarn!* Hear me, O Lord!
Dependent Ny clasht	*Ny clasht rish olk.* Hear no evil.
	Past
Independent Cheayll	*Cheayll mee dy vel ee poost nish.* I heard that she's married now.
Dependent Geayll	*Geayll oo mychione Isaiah?* Did you hear about Isaiah?
	Future
Independent Cluinnee, cluinnym, cluinmayd	*Cluinnee dty phaarantyn shin.* Your parents will hear us.
Dependent Gluin, gluinnym, gluinmayd	*Cha gluin ad veg.* They won't hear anything.
Relative Chluinnys, chluinnym, chluinnysmayd	*My chluinnysmayd eh reesht...* If we hear it again...
	Conditional
Independent chluinnagh, chluinnin	*Chluinnagh ad eh ayns Rhumsaa.* They'd hear it in Ramsey.
Dependent gluinnagh, gluinnin	*Nagh gluinnagh ny naboonyn eh?* Wouldn't the neighbours hear?

Foddee **Can**

	Present and future
Independent Foddee, foddym, fodmayd	*Foddee Gaelg ve doillee ny cheayrtyn.* Manx can be difficult sometimes.
Dependent Nod, noddym, nodmayd	*Cha noddym goll veg sodjey.* I can't go any further.
Relative Oddys, oddym, oddysmayd	*C'raad oddys oo geddyn jough ayns Purt ny hInshey?* Where can you get a drink in Peel?
	Past
Independent Dod	*Hie shin choud's dod shin.* We went as far as we could.
Dependent Dod	*Cha dod mee çheet jea.* I couldn't come yesterday.
	Conditional
Independent Oddagh, oddin	*Oddagh oo v'er n'gheddyn baase.* You could have died.
Dependent Noddagh, noddin	*Cha noddin fordrail thie gollrish shen.* I couldn't afford a house like that.

Note that the spelling of the irregular verbs can vary. Some forms beginning with n- may also appear with v- : vod, nod; vaik, naik etc.

Appendix B Pronouns and Prepositions

Pronouns

Mee — I, me
Cha nel **mee** rieau er n'akin y lheid.
I've never seen anything like it.

Mish — [emphatic]
*Ren **mish** fakin eh hoshiaght.*
I saw it first.

Oo — You
Vel **oo** loayrt rhym's?
Are **you** talking to me?

Uss — [emphatic]
*Ren ish paagey **uss**?*
She kissed ***you***?

Eh — He, him, it
T'**eh** foast ny haggyrt.
He's still a priest.

Eshyn — [emphatic]
*She **eshyn** ren brishey ee!*
It's ***him*** who broke it!

Ee — She, her, it
Nagh vel **ee** bwaagh?
Isn't **she** pretty?

Ish — [emphatic]
***Ish**?*
Her?

Shin — We, us
*Honnick **shin** y gleashtan eu.*
We saw your car.

Shinyn — [emphatic]
*Cha nel **shinyn** gee reddyn myr shen.*
***We** don't eat things like that.*

Shiu — You [plural and polite]
*Cre'n fa ta **shiu** jeeaghyn orrym myr shen?*
Why are **you** looking at me like that?

Shiuish — [emphatic]
*Nee **shiuish** ren shin fakin ayns ny thammagyn?*
Is it ***you*** we saw in the bushes?

Ad — They, them
T'**ad** jeeaghyn feer jesh.
They look very smart.

Adsyn — [emphatic]
*Nagh vel **adsyn** credjal ayns Jee?*
Don't ***they*** believe in God?

Possessive pronouns

My — My [lenites following word]
*Ta **my** yishig giu Bainney ny Baa Doo.*
My dad drinks Guinness.

Dty — Your [lenites following word]
*Nagh vel **dty** ghooinney ayns y phryssoon?*
Isn't **your** husband in prison?

E His, its [lenites following word]

*Er lhiam dy vel **e** heshey enmyssit Ophelia.*

I think **his** partner is called Ophelia.

E Her, its [does not lenite, adds h- to words beginning with a vowel]

*T'ee er chreck **e** hannym rish y Jouyl.*

She's sold **her** soul to the Devil.

Nyn Our [nasalises]

*Gow my leshtal son dy vel **nyn** dhie cho neu-yesh.*

Sorry that **our** house is so untidy.

Nyn Your [plural and polite. Nasalises]

*C'raad ta shiu freayll **nyn** maatey?*

Where do you keep **your** boat?

Nyn Their [nasalises]

*Ta **nyn** baitçhyn ooilley feie.*

Their kids are all wild.

Prepositional pronouns

Da	**To, for**	
Dou	To me	*Hug eh paag dou.* He gave me a kiss.
Dhyt	To you	*Ta mee er n'insh shen dhyt hannah.* I've told you that already.
Da	To him, it	*Ren mee geeasagh feed punt da.* I lent him twenty pounds.

Jee	To her, it	*Ta'n mac ain gobbragh jee.* Our son works for her.
Dooin	To us	*Hug eh paart dy choyrle vie dooin.* He gave us some good advice.
Diu	To you [plural]	*Quoi ta gynsagh diu?* Who teaches you?
Daue	To them	*Lhig daue goaill ayrn.* Let them join in.

Dys, gys **To**

Hym	To me	*Cur lhiat hym eh.* Bring him to me.
Hood	To you	*Verym teks hood ny sanmey.* I'll send you a text later.
Huggey	To him, it	*Quoi'n thie hie shiu huggey?* Whose house did you go to?
Huic	To her, it	*Bare dhyt cur eh huic hoshiaght.* You'd better send it to her first.
Hooin	To us	*Hug eh lesh y van hooin.* He brought the van to us.
Hiu	To you [plural]	*Neeym cur ad hiu ayns tammylt.* I'll send them to you in a bit.
Huc	To them	*T'ee goll huc dy mennick.* She often goes to them.

Ec	**At**	
Aym	At me	*Cha nel monney argid aym.* I haven't got much money.
Ayd	At you	*Vel punt ayd?* Have you got a pound?
Echey	At him, it	*Er lhiam dy row ben echey.* I think he had a wife.
Eck	At her, it	*Nagh vel dooinney eck?* Hasn't she got a husband?
Ain	At us	*Ta palçhey dy hraa ain.* We've got plenty of time.
Eu	At you [plural]	*Vel kied eu reuyrey ayns shoh?* Do you have permission to dig here?
Oc	At them	*Nagh row Morris Minor oc?* Didn't they have a Morris Minor?

Er	**On**	
Orrym	On me	*Ta'n vuc ghoo orrym.* I'm depressed.
Ort	On you	*C'red ta jannoo ort?* What's the matter with you?
Er	On him, it	*Cur tooilley geayll er.* Put some more coal on it.
Urree	On her, it	*S'mie lhiam jeeaghyn urree.* I like watching her.

Orrin	On us	*T'eh orrin dy gholl dys y vannish.* We have to go to the wedding.
Erriu	On you [plural]	*Failt erriu!* Welcome!
Orroo	On them	*Quoi yinnagh cur foill orroo?* Who would blame them?

Jeh	**Of**	
Jeem	Of me	*Cha ren ad briaght jeem.* They didn't ask me.
Jeed	Of you	*Ta red ennagh çheu-sthie jeed.* There's something inside you.
Jeh	Of him, it	*Cha nel mee coontey monney jeh.* I don't think much of it.
J'ee	Of her, it	*T'eh jannoo ymmyd j'ee dagh laa.* He uses it every day.
Jeein	Of us	*Ta kuse jeein goll magh noght.* A few of us are going out tonight.
Jiu	Of you [plural]	*Row ad er vriaght jiu ro-laue?* Had they asked you beforehand?
Jeu	Of them	*Ta paart jeu mie dy liooar.* Some of them are alright.

Lesh	**With**	
Lhiam	With me	*S'mie lhiam instagram.* I like instagram.
Lhiat	With you	*Vel oo er chur lhiat yn stoo?* Have you brought the stuff?
Lesh	With him, it	*T'eh lesh my vraar.* It belongs to my brother.
Lhee	With her, it	*Cha mie lhee shalmaneyn.* She doesn't like mushrooms.
Lhien	With us	*Cooin lhien!* Help us!
Lhiu	With you [plural]	*Slane lhiu!* Bye!
Lhieu	With them	*Cha laik lhieu mee monney.* They don't like me much.

Marish	**With**	
Marym	With me	*Tar marym.* Come with me.
Mayrt	With you	*Cha nel mee goll boayl erbee mayrt.* I'm not going anywhere with you.
Marish	With him, it	*Vel ee foast marish?* Is she still with him?
Maree	With her, it	*Hie mee dys y thie fillym maree.* I went to the cinema with her.

Marin	With us	*Quoi ta çheet marin eisht?* Who's coming with us then?
Meriu	With you [plural]	*Quoi'n joarree shen ta meriu?* Who's that stranger with you?
Maroo	With them	*Hug ad lhieu nyn baitçhyn maroo.* They brought their kids with them.

Mychione	**About**	
My-my-chione	About me	*T'ad loayrt my-my-chione.* They're talking about me.
My-dty-chione	About you	*Ta mee er chlashtyn my-dty-chione.* I've heard about you.
My-e-chione	About him, it	*Honnick mee claare my-e-chione.* I saw a programme about it.
My-e-kione	About her, it	*Ta ram skeealyn my-e-kione.* There are lots of stories about her.
My-nyn-gione	About us	*Cre my-nyn-gione?* What about us?
My-nyn-gione	About you [plural]	*Cheayll mee my-nyn-gione.* I heard about you.
My-nyn-gione	About them	*Cha nel mee boirey my-nyn-gione.* I don't worry about them.

Rish	**To**	
Rhym	To me	*Vel oo geaishtagh rhym?* Are you listening to me?
Rhyt	To you	*Nagh row mee loayrt rhyt jea?* Wasn't I talking to you yesterday?
Rish	To him, it	*Dooyrt mee shen rish.* I said that to him.
R'ee	To her, it	*Cre'n fa ren ee poosey r'ee?* Why did she marry her?
Rooin	To us	*Vel peiagh erbee geaishtagh rooin?* Is anyone listening to us?
Riu	To you [plural]	*C'red ta mee er n'yannoo riu?* What have I done to you?
Roo	To them	*Abbyr shen roo y nah cheayrt.* Say that to them next time.

Son	**For**	
Er-my-hon	For me	*Nod oo kionnagh eh er-my-hon?* Can you buy it for me?
Er-dty-hon	For you	*Ren mee berreen er-dty-hon.* I made a cake for you.
Er-e-hon	For him, it	*Cha jinnin red erbee er-e-hon.* I wouldn't do anything for him.
Er-e-son	For her, it	*Yinnin red erbee er-e-son.* I would do anything for her.

Er-nyn-son	For us	*Quoi nee loayrt er-nyn-son?* Who will speak for us?
Er-nyn-son	For you [plural]	*Ren shin lhiabbee er-nyn-son.* We made a bed for you.
Er-nyn-son	For them	*Ta mee goaill foddeeaght er-nyn-son.* I miss them.

Veih, voish **From**

Voym	From me	*Ren eh goaill my ghoair voym.* He took my goats from me.
Voyd	From you	*Ren mee follaghey ad voyd.* I hid them from you.
Voish	From him, it	*Neeym geddyn ad back voish.* I'll get them back from him.
Voee	From her, it	*Ghow ad e quallianyn voee.* They took her pups from her.
Voin	From us	*Ren ad geid nyn dhalloo voin.* They stole our land from us.
Veue	From you [plural]	*Cha nel mee er n'ynsagh veg veue.* I haven't learned anything from you.
Voue	From them	*Hooar mee ram cooney voue.* I got a lot of help from them.

Appendix C **Days and Months**

Jelhune	Monday *Honnick mee yn çhuyr ayd Jelhune.* I saw your sister on Monday.
Jemayrt	Tuesday *Ghow mee ee son jough Jemayrt.* I took her for a drink on Tuesday.
Jecrean	Wednesday *Honnick mee yn çhuyr ayd Jelhune.* I saw your sister on Monday.
Jerdein	Thursday *I visit them every Thursday.* Ta mee cur shilley orroo dagh Jerdein.
Jeheiney	Friday *Jeanmayd goll magh oie Jeheiney?* Shall we go out on Friday night?
Jesarn	Saturday *Shegin dou gobbragh Jesarn shoh.* I have to work this Saturday.
Jedoonee	Sunday *Vel oo geddyn ny smoo argid Jedoonee?* Do you get more money on Sunday?

Months of the Year

The Manx year is divided into four seasons of three months each, with spring beginning in February. Several months have alternative names but only the most common name in current use is given here.

Yn Arragh	**Spring**
Toshiaght arree	February
Mee Vayrnt	March
Averil	April
Yn Sourey	**Summer**
Boaldyn	May
Mean Souree	June
Jerrey Souree	July
Yn Fouyr	**Autumn (harvest)**
Mee Luanistyn	August
Mean Fouyir	September
Jerrey Fouyir	October
Yn Geurey	**Winter**
Mee Houney	November
Mee ny Nollick	December
Jerrey Geuree	January

Appendix D Numbers

The first column of the table below shows the **cardinal** numbers up to a hundred. Cardinal numbers are used when counting things, in this case years. We often want to say how long ago something happened or how old someone or something is.

> *T'eh three feed as shiaght bleeaney jeig dy eash nish.*
> He's seventy seven years old now.

The word for year is *blein*, but it has a special form for use after cardinal numbers: *bleeaney*. However, after *un*, *daa*, and all multiples of twenty the singular is used, whether you are counting years or anything else.

The second column shows the **ordinal** numbers: 'first' 'second' 'third' etc. and how to use them with the word for day: *laa*. This is useful for saying what day of the month it is. Note that when counting days the singular *laa* is always used.

	Cardinal 'one year' etc.	**Ordinal** 'the first day' etc.
1	Un vlein	Yn chied laa
2	Daa vlein	Y nah laa
3	Three bleeaney	Yn trass laa
4	Kiare bleeaney	Yn chiarroo laa
5	Queig bleeaney	Yn wheiggoo laa
6	Shey bleeaney	Yn çheyoo laa
7	Shiaght bleeaney	Yn çhiaghtoo laa
8	Hoght bleeaney	Yn hoghtoo laa
9	Nuy bleeaney	Y nuyoo laa
10	Jeih bleeaney	Y jeihoo laa
11	Un vlein jeig	Yn chied laa jeig

12	Daa vlein jeig	Y nah laa jeig
13	Three bleeaney jeig	Yn trass laa jeig
	...	
20	Feed blein	Yn 'eedoo laa
21	Un vlein as feed	Yn chied laa as feed
22	Daa vlein as feed	Y nah laa as feed
23	Three bleeaney as feed	Yn trass laa as feed
24	Kiare bleeaney as feed	Yn chiarroo laa as feed
	...	
30	Jeih bleeaney as feed	Y jeihoo laa jeig as feed
31	Un vlein jeig as feed	Yn chied laa jeig as feed
32	Daa vlein jeig as feed	Y nah laa jeig as feed
33	Three bleeaney jeig as feed	Yn trass laa jeig as feed
	...	
40	Daeed blein	Yn daeedoo laa
41	Un vlein as daeed	Yn chied laa as daeed
	...	
50	Jeih bleeaney as daeed	Yn jeihoo laa as daeed
51	Un vlein jeig as daeed	Yn chied laa jeig as daeed
	...	
60	Three feed blein	Yn three feedoo laa
61	Three feed blein as nane	Yn chied laa as three feed
	...	
70	Three feed blein as jeih	Yn chied laa jeig as three feed.
71	Three feed as un vlein jeig	Yn chied laa jeig as three feed.
	...	
80	Kiare feed blein	Yn kiare feedoo laa
81	Kiare feed as un vlein	Yn chied laa as kiare feed
	...	
90	Kiare feed blein as jeih	Yn jeihoo laa as kiare feed
91	Kiare feed as un vlein jeig	Yn chied laa jeig as kiare feed
	...	
100	Keead blein	Yn cheeadoo laa

Appendix E Some Placenames

Balley Cashtal	Castletown
Balley Keeill Eoin	St. Johns
Balley Lah	Ballaugh
Balley Sallagh	Ballasalla
Barrool	Barrule
Braddan	Braddan
Bretin	Wales
Creneash	Cregneash
Cronk Keeill Eoin	Tynwald Hill
Doolish	Douglas
Forsdal	Foxdale
Giat y Clieau	The Mountain Road
Glion Meay	Glen May
Jurby	Jurby
Kione Droghad	Onchan
Kione ny Hayrey	Point of Ayre
Laksey	Laxey
Lerphoyl	Liverpool
Lonan	Lonan
Lunnin	London
Mwyllin Doo Aah	Union Mills
Nalbin	Scotland
Nherin	Ireland
Nherin Twoaie	Northern Ireland

Purt Çhiarn	Port Erin	
Purt le Moirrey	Port St. Mary	
Purt ny hInshey	Peel	
Rhumsaa	Ramsey	
Rushen	Rushen	
Skylley Andreays	Andreas	
Skylley Breeshey	Bride	
Skylley Cairbre	Arbory	
Skylley Charmaan	German	
Skylley Connaghan	Onchan (parish)	
Skylley Creest ny Hayrey	Lezayre	
Skylley Maayl	Kirk Michael	Mael ?
Skylley Maghal	Maughold	
Skylley Pherick	Patrick	
Skylley Stondane	Santon	
Sniaull	Snaefell	
Sostyn	England	Sos – sais ?
Tinvaal	Tynwald	
Y 'Rank	France	
Y Cheyllys	The Sound	
Y Cholloo	The Calf	1/0
Y Chorn	Cornwall	
Y Reeriaght Unnaneyssit	The United Kingdom	
Y Spaainey	Spain	

English - Manx Index

A few 78
A little.....................................12
A little bit 106
A lot.......................................89
A small few 12
A while 128
About...........................90, 91
Above 47
Accent 14
Accident 80
Accidentally.......................133
Actor, actress.........................6
Additional 131
Address 45
Advert 123
Affable.................................29
After that 45
Again 106
Against 95
Age 43
Ale 82
Alive 13
All 97
All day 78
All night...............................55
Almost..................................20
Alone....................................90
Already.................................68
Alright 42
Also 93
Altogether...........................97
Always 41
Amazing..................129, 136
An hour and a half..............97
And 8
And a half 82
Animal 9
Another 45
Answer 55
Any.................................. 134
Anybody 100
Anything..................106, 134
Anyway.................................7
Anywhere..................16, 105
Apple 98
Appropriate........................73
Arm 108
Around 90
As 26
As far as...............................26
As soon as 41
As well 93
As, like 90
Astonishing 129
At. 43
At all 44
At home............................125
At least 30
At the moment 43
Aunt. 93
Available............................109
Away 47

Awful................................6, 8
Baby 81
Back...................................39
Bacon 10
Bad 96
Bag 101
Ball 15
Band 102
Bank 11
Bath 133
Bathroom 113
Be quiet 12
Beautiful 5
Because 46
Bed 81
Bedroom 113
Beef. 50
Beer 82
Before............................... 108
Belly...................................17
Best...........................30, 114
Better than 114
Between 44
Big 89
Biggest............................. 122
Birthday..............................78
Biscuit.................................20
Black 38
Blue 65
Boiled potatoes 103
Book 83
Bookshop. 114
Boring.................................39
Bottle 17
Box.................................... 77
Boy.................................... 66
Boyfriend 91
Bread 8
Breakfast........................7, 19
Bridge 40
Brother 18
Brown 38
Brunette. 38
Brush 120
Builder 132
Building........................... 132
Bus 11
Bus station....................... 125
Busy 129
But 6
By...................................... 83
Cake 13
Called................................ 45
Camera 112
Car 61
Car park 99
Carrot 22
Castle 22
Cat 75
Celebration. 60
Center 137
Centre 86
Certainly 67
Chair 21
Chance 20
Chapel............................... 21

Chat....................................31
Cheap 93
Cheese.................................21
Chicken.........................50, 76
Child 99
Chip 125
Chip shop 114
Chock full. 79
Chocolate 118
Christmas 135
Church................................75
Cinema 129
City 11
Class. 18
Clean 62
Clock...................................27
Close to 48
Clothes. 43
Cloudy 16
Club 28
Coat....................................29
Coffee.................................21
Cold 48
Cold 89
College 29
Colour.................................37
Comb..................................76
Companion.......................117
Computer 28
Concerning.........................90
Concert...............................33
Confused 55
Correct 77
Country 24
Course 31
Crew. 121
Cup 22
Cup of Coffee 22
Cup of tea 22
Curry..................................37
Dad 74
Dangerous 37
Daughter 69
Day..................................... 78
Decent 29
Definitely 41
Dentist 49
Depression 136
Difficult...............................38
Dinner................................73
Direct.................................72
Disease 26
Dish 110
Doctor.........................13, 52
Dog 88
Don’t know.......................118
Door 39
Drink..................................74
Driver 69
Dry.....................................26
Dying 105
E-mail. 102
Each..........................37, 99
Ear 27
Earlier 41
Early..........................41, 88

East 118
Easter 135
Easy 5
Eatery 12
Egg 97
Else 45
Embarrassment 93
End 72, 77
England 124
English 10
English person 124
Enough 42
Error 85
Ever 106
Every 37
Everybody 100
Evil 96
Exam 111
Exceedingly 8
Excellent. 87
Excuse me. 65
Expensive 31, 38
Eye 124
Family 84
Famous 7
Far 54
Farm 65
Farmer 44
Fast 129
Father 9
Favourite 114
Feminine. 20
Field 84
Film 52
Final 72
Fine 5, 18
Finger 84
Fire 7
First 69
Fish 44
Fisherman 44
Flavour 14
Floor 79
Flu 52
Foggy 74
Food 12
Fool 14
Foolish 17
Foolish 96
Foot 23
Football 15
For 124
For the most part 30
Fork 5
Fortnight. 75
France. 135
Friend. 22
Friendly 21
Frightening 6
From 134
Frost. 107
Frozen. 107
Full 79
Fun 125, 128
Funny 7
Game 57

Garage 57
Garden 57
Garden center 137
Gardener 57
Gathering 24
Girl......................................69
Girlfriend 91
Gone....................................47
Good 87
Grandad 113
Grandfather 74
Grandma. 89
Grapes 50
Gravy 9
Great............................79, 87
Great aunt 93
Great uncle..........................92
Greatest. 122
Green 58
Grey....................................80
Group 102
Had better 11
Had to 12
Hair.....................................54
Hairbrush 120
Half.....................................82
Half of.................................82
Half past 82
Half way 82
Hall 68
Ham..................................137
Hand...................................79
Hangover.............................77
Happy 85
Hat..................................... 43
Have to 116
Head 77
Headache 26
Health 121
Healthy 121
Here is 119
High school 111
Hill.............................33, 121
Hold your tongue 25
Holiday 78
Home 129
Hospital. 130
Hot..................................... 24
Hotel 130
Hour 97
House 129
How far 32
How long 21
How many..................32, 104
How much. 104
How. 78
Hungry................................. 5
Husband 38
I don't know 56
Ice cream 76
Idea.................................. 122
Idiot 14
If 89
Ill.. 26
Illness..........................26, 89
Immeasurable 47

Immediately........................24
Important..........................110
In 9, 125, 126
In need of...........................51
In place of..........................137
In the................................127
In time..............................131
Indeed...............................41
Inexpensive.........................93
Inside..................................25
Inspection 111
Instead 137
Instrument 66
Interesting.........................127
Into...................................126
Ireland...............................94
Irish...................................94
Is.......................................115
Jacket.................................69
Journey......................133, 74
Juice 124
Jumper 57
Just 74
Keen 71
Kind 76
Kitchen.............................113
Knife.................................121
Know 118
Lamb..................................50
Landlord...........................127
Language......................25, 61
Large 89
Last....................................72
Last month..........................86
Last night 107
Last week..........................117
Last year 95
Late 7
Later......................................7
Lazy....................................83
Leaf.....................................40
Learner 137
Least.................................122
Left.......................47, 76, 131
Leg 84
Less...................................122
Letter 111
Like..............................65, 80
Likely.................................110
Listen 58
Little...................................12
Living room 113
Long 54
Lots of...............................106
Loud 51
Lover 91
Lunch 77
Machine..............................66
Man..............................38, 51
Manx language 56
Manx person.......................85
Many.......................106, 136
Many times.........................75
Masculine...........................52
Mashed potatoes.............103
Maybe.................................54

Meat....................................50
Meeting...............................24
Menu...................................12
Mercilessly 8
Middle.................................86
Midnight..............................96
Mile 86
Milk 10
Minute.................................87
Mistake............................... 85
Misty 74
Money 8
Month. 86
More............................... 131
More than....................47, 95
Morning..............................88
Most 30
Mother 88
Motorbike 107
Mountain 121
Mouth. 12
Much......................79, 88, 89
Mum...................................89
Museum 130
Musical instrument 66
Must not.......................... 116
Name..................................46
Named................................45
Near....................................48
Neat....................................73
Necessary 136
Need...................................79
Need for 51
Needn't. 24
Neighbour 91
Never.........................40, 106
New 95
News. 92
Newspaper 92
Next month 86
Next year.............................15
Nice 73
Night...................................96
Noisy 51
North................................133
Nose 126
Nothing 134
Now....................................94
Now and then......................94
Number 43
Nurse..................................16
Occasion.............................75
Odd..................................104
Of.......................................72
Office..................................96
Often 42
OK......................................42
Old...................................117
On......................................46
Once 75
One of.........................51, 93
Only 6
Opportunity........................20
Or 95
Other 45
Ought 82

Ought to 82
Out..........................8, 84, 89
Outside. 25
Over.................................... 68
Own 68
Page.....................................40
Painful 65
Paint. 100
Pair 101
Paper 98
Parent...................................98
Park 99
Partner 117
Party 60
Past....................................112
Pea.................................... 101
Pen 100
Pencil 101
Penny 101
People 121
Pepper 101
Perhaps 54
Person. 100
Pet.......................................13
Petrol station 125
Phone 25
Photo.................................. 28
Picture 69
Piece 99
Pint 104
Place..........................16, 137
Pleasant 128
Please. 90
Pleased. 17
Plenty 42
Pocket............................... 102
Police 86
Police station 125
Pork 50
Porridge............................ 101
Potatoes 103
Pound 104
Pretty..................................... 5
Pretty good 79
Price.................................. 103
Primary school.................. 111
Probably 110
Problem 17
Programme........................ 27
Pub 130
Pub 130
Quarter 76
Question. 52
Quickly.......................40, 129
Rabbit. 29
Radio 105
Rain.................................... 52
Rammed 79
Rat. 108
Reach. 108
Really 40
Recently 47
Red 73
Remaining.......................... 47
Reply................................... 55
Restaurant. 12

Retired 127
Right..............................73, 77
Right now 94
Ripe 7
River 9
Road 105
Room 113
Rubbish 133
Rugby 109
Run 108
Sad 131
Salad..............................110
Salt 123
Salty 124
Sandwich..............................18
Sauce..............................9
School..............................111
Scotland. 92
Scottish 92
Scottish Gaelic..............................92
Sea 75
Self. 68
Sentence. 105
Shame 93
Shed 20
Shop 114
Short. 60
Should 82
Sick..............................26
Since..............................93
Sincere 71
Single..............................68
Sister 119
Sister in law 119
Slice 122
Slow..............................87
Small..............................12
Smaller 122
Smart..............................73
Snow. 123
So..............................26, 91
Some 78
Some 98
Somebody 100
Something 106
Sometimes..............................94, 95
Somewhere 16
Son 84
Soon 40
Sore 65
Sorry..............................65
Sort..............................80
Sort..............................124
Soup 9
South..............................73
Southward..............................73
Spain..............................135
Spider 38
Spoon. 125
Sport..............................125
Station..............................125
Still 53
Stomach. 17
Stormy..............................39
Story 120
Straight..............................72

Straight away................24, 72
Strange..............................104
Street................................126
Stuff....................................30
Stupid..................................17
Stupid..................................96
Such....................................80
Sufficient.............................42
Sugar.................................119
Suitable...............................73
Summer.............................124
Sun.....................................66
Sunny.................................66
Surprise.............................136
Sweet.................................87
Swimming pool...................83
Table.................................... 16
Take care..........................133
Take care of.........................63
Take it easy..........................42
Taste..................................... 14
Tasty..................................... 14
Taxi.................................... 128
Tea.................................... 129
Teacher................................ 52
Teacher................................ 13
Team.................................. 121
Television............................25
Tenant............................... 128
Terrible............................6, 8
Terrifying...............................8
Text...................................129
Than...................................91
Thank you...........................66
That's how it is....................90
That's why.........................116
The...........................95, 135
The day before yesterday.... 71
The east...........................118
The Isle of Man....................85
The next...........................135
The night before last.........107
The other day.....................78
The second........................135
The west...........................116
Then....................................45
Therefore............................91
These................................119
Thing................................106
Thirsty................................98
This..................................119
This week..........................117
This year.............................15
Thought............................122
Through............................133
Ticket................................130
Tidy....................................73
Time..........................75, 131
Time enough.......................42
Tired.................................120
To.........................37, 42, 107
To admit, acknowledge.......63
To agree..............................31
To ail...................................70
To allow........................35, 81
To annoy.............................37

To answer 55
To arrive. 108
To ask 19
To attempt 103
To be able..............................5
To be amazed 64
To be ashamed 63
To be embarrassed.............63
To be found 109
To be indifferent 109
To be interested in. 127
To be surprised....................64
To become...........................56
To begin..............................64
To believe 33
To bicker............................132
To bore 34
To borrow............................59
To bother.............................17
To bother.............................70
To break 19
To bring. 36
To bring up 132
To build 132
To buy..................................77
To call out...........................66
To change............................21
To clean 62
To climb...............................39
To close 39
To comb. 76
To come...............................24
To compel............................35
To continue 64
To cook 28
To cough..............................23
To count 31
To crawl. 123
To cry...................................75
To cut...................................60
To dance 37
To delay 81
To depart 60
To die...................................58
To do 70
To drink 61
To drive...............................60
To earn 31
To eat. 59
To enjoy...............................63
To fall................................133
To farm 59
To feed. 34
To feel.................................59
To fight 132
To find.........................49, 58
To finish 35
To fish 44
To fly....................................60
To forget 70
To frighten...........................34
To gain 31
To get. 58
To get married.....................59
To get ready 58
To get rid of 59

To get up...............................61
To give 34
To give up 36
To go.....................................64
To go on 64
To grow.................................56
To guess...............................34
To happen..........................128
To hate..........................35, 51
To have 43
To have to..........................116
To hear 27
To help.................................30
To imagine 116
To invite 33
To keep.................................54
To keep control of...............55
To knock down 81
To know................46, 56, 118
To learn...............................67
To leave 48
To lend.................................59
To let....................................81
To lift 132
To light................................53
To like......................109, 110
To listen 58
To live 33
To look 71
To lose 29
To love..........................35, 65
To love 120
To make.........................35, 70
To make a mess 70
To make money 31
To marry 102
To miss.........................29, 62
To move................57, 61, 112
To need 51
To nibble 119
To notice 64
To nurse 16
To offer 24
To open................................54
To paint.............................100
To park 99
To pay 59
To pay attention. 36
To permit 35
To persuade 27
To phone.............................25
To play 28
To potter 53
To practice. 28
To prefer 114
To procrastinate 81
To prove............................103
To put 33
To put on. 36
To put out. 34
To rain.................................23
To raise 132
To read................................80
To reckon........................... 46
To recognise 46
To remember.......................30

To ride 85
To rinse............................126
To save 54
To say 65
To see 48
To sell. 32
To send. 34
To shave 10
To shop.............................114
To shout. 66
To show 71
To shut.........................39, 72
To sing 62
To sit. 123
To sleep. 21
To smoke. 123
To snow 23
To spend. 10
To stand............................115
To start 64
To stay...............................128
To stop 112
To struggle........................126
To suppose 116
To swim 123
To take.................................62
To take part 62
To talk.................................83
To taste 14
To teach..............................67
To tell...........................35, 61
To tell off. 36
To think 122
To throw 23
To translate. 27
To translate. 34
To travel. 132
To try 103
To turn off 34
To turn on 35
To understand 130
To use 70
To visit..........................36, 64
To wait.........................48, 55
To wake up 39
To walk 119
To want...............................59
To warn 36
To wash. 94
To waste 74
To watch 71
To wear...............................23
To win 31
To wonder 61
To work...............................64
To worry 17
To write 111
Toast 8
Today 74
Together 109
Toilet.......................103, 130
Tomorrow 85
Tomorrow night..................96
Tongue 25
Tonight 95
Too............................93, 107

Too many 108
Too much. 108
Tooth 49
Toothbrush. 120
Town 11
Toy.. 56
Train.................................... 131
Tree.. 13
Trip...................................... 133
Trip.. 74
Truly.. 40
Turn. 27
Uncle 92
Under 53
Unemployed........................67
University 111
Until.....................................38
Unwell. 87
Used to 15
Useful 136
Usually..........................28, 30
Vegetable............................83
Very...............................47, 49
Video 49
Village.................................11
Wales 19
Wall. 16
Want. 79
Watch out........................133
Water 134
Way.................................. 105
Weather 45
Week.................................117
Weekend 117
Weird.................................. 104
Well done 70
Welsh.................................... 19
Welsh person....................... 19
West 116
Westward 116
Wet...52
What..................................... 32
When.........................33, 131
Where..................20, 32, 105
Which 32
While............................26, 90
White 11
Who 104
Wholesome. 121
Whose 104
Wife 13
Willing 17
Wind 58
Window 134
Windy 58
Wine 50
Winter 60
With............................80, 85
Without. 67
Without doubt.................... 67
Woman................................ 13
Wonder 136
Wonderful. 136
Word 53
Worker 96
Worry 17

Year 15
Yellow 20
Yesterday................................ 71
Yet 53
You're welcome 115
Young..6
Young people.....................121